说服

如何赢得他人的信任与认同

[美]诺瓦·戈尔茨坦（Noah Goldstein）
[美]史蒂夫·马丁（Steve Martin）
[美]罗伯特·西奥迪尼（Robert Cialdini）◎著
符李桃◎译

中信出版集团·北京

图书在版编目（CIP）数据

说服 / (美) 诺瓦 · 戈尔茨坦, (美) 史蒂夫 · 马丁,
(美) 罗伯特·西奥迪尼著；符李桃译. -- 北京：中信
出版社, 2018.12（2025.5 重印）

书名原文：YES:60 Secrets from the Science of
Persuasion

ISBN 978–7–5086–9487–0

I. ①说… II. ①诺… ②史… ③罗… ④符… III.
①说服－语言艺术－通俗读物 IV. ① H019-49

中国版本图书馆 CIP 数据核字（2018）第 212824 号

说　服

著　　者：[美] 诺瓦 · 戈尔茨坦，[美] 史蒂夫 · 马丁，[美] 罗伯特 · 西奥迪尼
译　　者：符李桃
出版发行：中信出版集团股份有限公司
（北京市朝阳区东三环北路 27 号嘉铭中心　邮编　100020）
承 印 者：北京通州皇家印刷厂

开　　本：880mm×1230mm　1/32　　印　　张：8.5　　字　　数：134 千字
版　　次：2018 年 12 月第 1 版　　印　　次：2025 年 5 月第 10 次印刷
京权图字：01–2018–6994
书　　号：ISBN 978–7–5086–9487–0
定　　价：48.00 元

目　录

前 言

今天，距离本书首次出版已经过去了整整10年，在这不算太长的时间中发生了不少事情。

“是的，我们可以”（Yes，we can）说服了数以百万计的美国人。也正是这句话带来的说服的力量让一位前社区活动组织者、法学院讲师成为美国第一位黑人总统。[①]

抗议示威的革命浪潮横扫中东地区。因对政府的所作所为感到不满，义愤填膺的民众走上街头，强烈要求政府推行改革。

欧洲也见证了自身的曲折变化——东部边界重新划分，恐怖袭击震慑人心，以及西部移民浪潮汹涌。还有，英国在历经公投之后，脱欧阵营出人意料地说服了民众，离开欧盟已成定局。

① 当下，美国又将迎来一次转变，一位风格大不相同的总统即将当选。

而对于全球经济来说，过去10年也是漫长而痛苦的10年，经济衰退迹象明显，金融市场前行艰难，震荡不堪，甚至出现了急剧的滑坡。新兴经济体国家最开始时还能逆势而行，现在也开始勒紧了裤腰带。

与此同时，全球人口又增长了10亿——不仅人口数量增加了，人们互联互通的程度也得到了极大的提升。

在这10年中，我们对信息的获取、消费、处理与反应方式已经发生了前所未有的改变。推特、色拉布、脸书等社交媒体成为人们日常生活的一部分。随着生活节奏越来越快，人们还可以把当下发生的点点滴滴直播给朋友（甚至数不胜数的陌生人）。如今，时间已如此宝贵，交流越来越多地发生在路上，发生在当下的每分每秒，人们通过不同的手机软件传送出无穷无尽的信息流，造福了对此极度关注的受众（其实很多是广告业人士）。

在这样的大背景下，说服力科学（更广泛意义上是行为科学）的研究进入了大繁荣时代。

到底是什么影响了人类的行为与决策？全球各地的研究人员源源不断地提出了真知灼见。更重要的是，这方面的研究与见解已经不再局限于理论层面，而是带来了极具现实意义的启示与应用。正因如此，政府与企业均欣然采纳。从推销产品到劝说纳税，从鼓励社会公益到创造商业利润，说服力科学的应用（以及与之相关的社会心理学、行为经济学、神经营销学等）从边缘地带走向了社会主流。

既然有了“全新”的进步与见解，且同一话题也有不少相关书籍出版，读者可能不禁要问:“这本10年前的‘旧书’，虽然已经过修正和扩展，但还有读的必要吗？”

请看下面的三个理由。

◆ 发生了很多变化，但有一点未变。

行为科学家在过去 10 年中详细记录了振奋人心的人类行为的进步，但这个进步所遵循的影响力与说服力的根本原则仍旧未变。过去 10 年，政治、社会和技术领域出现了数不胜数的变化，但人们处理应对这些变化的认知硬件（说到底就是我们的大脑）基本没有变化。我们的“信息处理设备”在很多方面与前几代人仍旧保持一致。没错，我们现在都有智能手机（一人多机也不稀奇），利用五花八门的平台进行沟通交流，获取信息就在毫秒之间，但是，我们受到影响、受到劝服的过程和几百年前相比其实大同小异。

1761 年 2 月 8 日，那是一个周日，伦敦遭遇了地震。整整 4 个星期后，地震再次发生。按照现在的衡量标准，当时的地震并不严重，持续时间较短，破坏程度轻微。只有为数不多的一些人感受到了微弱的晃动，大部分伦敦市民几乎没有受到任何影响。

然而对一个人来说，这两次地震却意义非凡。威廉·贝尔是皇家近卫骑兵部队的内近卫骑兵团中士，他坚信这些轻微地震预示着大地震即将到来，并且将摧毁整个城市。而且，他预测大地震应该在一个月之后发生。面对这个近在眼前的大灾难，贝尔认为自己应该义不容辞承担起信使之责，把消息传播出去。他就像突然间着了魔，奔走于大街小巷，高声大喊着自己的预言。虽然他煞费苦心，但大家却不为所动，只有几户人家做好了出逃的准备，其他人还是一如往常过着日子。

然而，奇怪的事情发生了——就在想象中的“大难”慢慢迫近之时，莫名的紧张气氛弥漫开来，相信贝尔预言的人越来越多，那些最初摇摆不定的人现在成为日渐增长的避难大军中的一员，他们也准备离开伦敦这座“末日之城”。有些不情不愿的人一开始还犹豫不决，一见这趋势便马上加入了逃难人流。到最后，原本质疑真相的人都开始出逃。

苏格兰作家查尔斯·麦基在其著名作品《大癫狂：集体狂想与群众疯潮》（1841）一书中记录了这个故事：

> 大难之日越来越近，恐慌的情绪也愈发高涨。无数信以为真的人逃出城外，静静等候着伦敦的毁灭。方圆 20 英里的地区——伊斯灵顿、海格特、汉普斯特、哈罗、布莱克希思——住满了惊恐万分的逃亡者，他们不惜支付高昂的借宿费用，只为了获得一点儿安全的容身之地……亨利八世时期也出现过类似的恐慌事件，心惊胆战的情绪如瘟疫般蔓延。一周之前还有上百人在嘲笑这个预言，眼见其他人纷纷离开，他们也赶紧收拾好了东西，仓皇出逃。大家认为河流区域最为安全，于是乎，4 月 4 日的夜晚，港口的所有商船上都挤满了人，他们时刻等待着圣保罗大教堂和威斯敏斯特教堂在飓风暴雨中摇摇欲坠，坍塌化解，归于尘土。

1761 年 4 月 5 日——贝尔预言会发生第三次地震的当天——平静地过去了，第二天人们又回到了城里，恢复了往日的生活。他们对贝尔报以强烈的鄙视与愤怒。不久之后，贝尔就被伦敦某精神病院收治。

整个故事中，贝尔的行为在最初只有些许影响。最终有那么多人信服了他的预言，拖家带口离开伦敦，这和贝尔一开始奔走大街的呼号并无关系，而是因为这些伦敦市民看到了他们的邻居——同自己相似的人——离开家园，这才决定跟从避难的脚步。在充满不确定因素的环境中，没有任何指示行为信号，周围人群的行为就成为最强大的说服力。

对于生活在21世纪的我们，听说18世纪的伦敦市民竟然不能发现自己的行为是不加思考、人云亦云的后果，真有点儿令人感到可笑啊，是吗？且慢且慢。生活在当代社会，只要轻点鼠标、轻滑屏幕，无穷无尽的信息就扑面而来。然而，我们依旧摆脱不了那些最原始的影响力。人们可能不会因此仓皇逃出家门，但是他们会蜂拥进入某家餐厅或者影院。这不是因为美食评论家或者电影评论家给出了推荐，而是因为邻居或者朋友的观点影响了他们。

不过，与250年前的伦敦地震恐慌比较，这类举例可能相形见绌。然而，这不代表大规模的事件就不再发生，相反，其频率还有增无减。自2007年本书首次出版后，至少出现了11次灾难性事件预测，并主要通过互联网引发了从众行为，其中包括2012玛雅预言和2016末日预言。2016末日预言更让人恐惧，因为其中预测地球的毁灭不是因为一次地震，而是巨震。

今天，先进的科技手段层出不穷，新鲜信息唾手可得，如今获取信息的优势不容置疑。但是，我们也应该记住，人类处理信息数据的认知硬件依旧未变。正如250年前一样，最根本又最容易被忽略的说服力原则仍然影响着我们，这是必须要承认的事实。

◆ **喜闻乐见**

这本脍炙人口的小书经过修正以及扩展之后，第二个值得一读的理由当然也是因为脍炙人口。

在写新版序言时，本书销量已经超过了 75 万册。这本书出版了 27 种语言的译本，出现在数以百计的新闻报道、博客文章、媒体特稿以及广播节目中。各行各业的公司与公共部门采纳了本书中的建议，在线动画短片《说服的科学》点击量超过了 800 万（只要输入“science of persuasion”，你就能在各个搜索引擎中找到短片）。18 世纪的伦敦市民在那次预言面前不知如何作为。读者朋友们如果还不知道应不应该纳入此书，也许可以借鉴一下他人的做法。

◆ **新见解，新内容**

本书十周年纪念版力荐新老读者阅读的第三个原因，是对原版中的 50 个章节进行了更新，另外还新增了 10 个章节。多一岁多一个道理。

新书虽有不同，但我们也十分谨慎，生怕打乱了原版中最吸引读者的地方。每个新章节以及更新的原版章节依然保持了原来的呈现模式，读者能够快速便利地找到所需内容。这并不意味着各个章节缺乏事实依据。这里为读者呈现的内容来自经过科学验证且公开出版的研究成果，这是我们不可撼动的承诺。不过，我们可不是只谈理论，而是将其高效地应用在实践中。

通过这样的方式，我们希望老读者与新读者都能有所收获，在工作中、生活中展示出更大的说服力。

诺瓦·戈尔茨坦

史蒂夫·马丁

罗伯特·西奥迪尼

序

（如果世界是一个舞台，台词中的小小变化也会带来极为戏剧化的效果。）

喜剧明星亨尼·扬曼曾经开玩笑说起他前一晚的住宿：“这酒店真是……毛巾又大又蓬松，塞行李箱里差点儿没合上。”

在过去几年中，酒店房客面临的道德困境已经发生了改变，他们不再纠结是否要带走毛巾，而是纠结于是否在住宿期间重复使用毛巾。越来越多的酒店开始实施环保计划，呼吁房客重复使用毛巾，节约资源，减少能源浪费，减少清洗毛巾而排入环境中的污染物。在大多数的酒店，这一请求会以卡片的形式放在客房的浴室中。

而这些卡片也为说服力科学提供了重要的信息。小小的卡片上可能蕴藏着无数的动机信号，那么，用什么字词才能更好地说服房客们呢？

本书中的第1、2章会解答这个问题，在此之前，我们先看看卡片信息的设计人员主要采取了什么方法鼓励人们参与这类环保项目。一项调查分析了全球各类酒店中几十种相关卡片，结果显示大部分的卡片主要是强调环境保护的重要性，以此鼓励房客循环使用毛巾。卡片上告知房客，重复使用毛巾可以节约自然资源，防止进一步破坏环境，文字信息之外还会加上较为醒目的相关环境图片，比如彩虹、雨滴和热带雨林，有的卡片上还出现了麋鹿。

这个说服策略似乎有些成效。例如，制造这类标识的某大型制造商表示，房客如果入住了摆放该类标识的酒店，那么大部分人在其停留期间至少会重复使用一次毛巾。由此看来，这些卡片带来的参与率还是颇为乐观。

不过，社会心理学家总是希望能够应用科学知识进一步提升政策与实践的有效性。马路上的广告上时常写着“此处招商”，小小的卡片对于心理学家来说似乎就写着“此处有待检验”。于是我们行动了，最后发现，卡片上的请求经过小小变动，酒店行业在此类行为上就能做得更加出色。这个有待后文中再做解释。

当然，这类环保活动的有效性不论提高到何种程度，也只是一方面。从更广的层面上，我们认为，学习经过科学检验的说服力策略，能够让每个人说服他人的能力得到提升。正如本书中所示，信息经过微小、简单的转变，就能展现出更大的说服力。书中提到了科学家的各种研究，本书的三位作者也参与了其中的部分工作，在不同的情境中都体现出了我们的观点。同时，本书也将讨论这些研究背后的道理，让读者更好地理解。当人们希望让他人接受某种观点、采取某种行为从而带来有利双方的效果时，这个心理过程是什么？除了展示各种有效且正当的说服力策略，我们也会提及在决策过程中应该注意的显性及隐性危险因素。

另外，本书中讨论的社会影响力策略背后的心理学原理来自证据翔实的科学实验，并非大众心理学或者常见的“个人经历”。为了实现这点，作者会以一些令人困惑不解的事件为例，并通过社会影响力的心理学原理进行解释，帮助读者理解。

例如，当代历史中最受民众喜爱的教皇去世的消息一经公布，其所在地千里之外的民众便围堵了纪念品店。不过，这与教皇无关，与梵蒂冈无关，与罗马天主教也无关，为什么？在数之不尽的办公用品中，哪一样办公用品能够让你更有效地说服他人？卢克·天行者又在领导力上有何启示？信息传递时有哪个常见错误使得其效果适得其反？如何将你的劣势转变为说服力上的优势？还有，自视为权威（或被他人视为权威）有什么潜藏的危险呢？

◆ 说服是一门科学，而非一门艺术

时至今日，针对说服力的研究已经进行了半个世纪有余，但是，说服力的研究成果却依旧看似高深莫测，在学术期刊中蛰伏。相较于这一课题所需的庞大的研究工作，相应的关注点却真是少之又少，个中原因值得深思。人们面临影响他人的选择时，时常会根据经济学、政治科学、公共政策研究进行判断，这不足为奇。然而，决策者时常忽略了心理学领域极为成熟的理论与实践，这才让人百

思不得其解。

其中一个原因可能是，大家认为经济学、政治科学、公共政策研究等需要通过向他人学习才能具备最基本的能力，而每个人在其生活经历中、在与人交往的过程中就可以本能地掌握心理学原则，所以在进行决策的时候，很少有人去学习并咨询心理学研究的相关内容。这种自负导致很多人错失了影响他人的重要机会，甚至误用了心理学原则，害人害己。

人们除了过于依赖个人经历，也过分看重自省。例如，为什么设计毛巾循环使用标识的市场人员将全部注意力都放在了环保行动的效果上？也许他们和大多数人一样，也会问自己："什么因素会驱使我重复使用毛巾保护环境呢？"通过反思自己的动机，他们发现，对于关心环境问题的个人，针对其价值观与身份认同进行设计，应该会起到激励作用。但是，他们却忽略了一点，如果稍稍改动卡片上的字句，其参与人数可能会大大增加。

说服力是一门科学，但它时常被当作一种艺术，这是个谬误。颇具才华的艺术家当然可以通过教学获得驾驭自身才能的技巧，但真正卓尔不群的艺术家依赖于天赋与创意，并非师长的教导与培养。好在我们所说的说服力与艺术无关，它是一门科学。有些人认为自己对说服力一窍不通，甚至无法哄小孩子去玩玩具。实际上这类人完全可以通过学习、理解说服力的心理学根据，运用可靠且合理的策略，成为说服力的行家里手。

无论你从事哪一行——管理、法律、医疗、政策、餐饮、销售、教育等，本书都可以帮助你成为说服力大师。书中某些策略的基础来自罗伯特·西奥迪尼（即作者之一）在《影响力》一书中探讨的社会影响力6个原则：互惠（人们认为有义务回报帮助过自己的人），承诺和一致（人们希望自己的行动与自己的承诺、价值观相一致），社会认同（人们会根据旁人的行为决定自己的行为），喜好（人们越喜欢他人，就越容易服从对方），权威（人们期待专家指引方向），短缺（资源越匮乏，人们越想要）。

本书将讨论这些原则的意义及其作用的细节，但本书还未止于此。虽然上述6个原则足以支撑大部分成功的社会影响力策略，但还有部分说服力策略依托于其他心理学因素，有待作者后文一一说解。

本书还强调了这类策略的适用情境——它们不仅适用于工作场所，也适用于个人生活，例如养儿育女、邻里往来、朋友相处等。书中的建议契合实际、可行性强、符合伦理、简单易行，无须过多耗费成本，就能带来显著的积极变化。

最后，我们向亨尼·扬曼表示歉意。当你读完本书时，我们希望你的说服力百宝箱里满满当当都是社会影响力策略，像亨尼·扬曼的那只行李箱一样，想关都关不上。

▼1 发挥社会认同的力量

当今社会，随着电视频道的数量与日俱增，资讯型广告成为广告商的惯用手段。科琳·肖泽特是业界最成功的文案策划人之一，她不但创作了不少闻名全美的资讯型广告，由其筹划的项目还打破了某家庭购物频道持续近20年的销售纪录。她的广告栏目中有很多元素与其他同类产品大同小异，例如，浮夸绚丽的广告词、情感丰富的现场观众，还有名人代言等，但是她改变了资讯型广告中的惯用台词，一招出手，消费者数量便显著上升。更值得关注的是，简单的措辞改动会使潜在消费者认为，顺利订购到产品可能会有些困难。那么，这神奇的措辞到底是什么？为什么这个改动能让销售额瞬间暴涨呢？

原因是肖泽特将大家耳熟能详的“接线员正在等候您的来电，请马上拨打热线电话”改成了“接线员正在通话中，请您稍后再拨”。乍一看，这种改动有点儿弄巧成拙，言下之意似乎是告诉那些潜在消费者，你们可能要耗上不少时间重复拨打电话才能接通销售。其实，质疑这种做法则恰恰忽视了社会认同的力量。简而言之，社会认同就是指，当人们对某种行为摇摆不定时，他们往往倾向于关注周围其他人的做法，以引导自身的行为。

在科琳·肖泽特的案例中，当你听到“接线员正在等候您的来电”时，你的脑海中会是什么画面？你会想象，十几个百无聊赖的销售员工等候在鸦雀无声的电话机旁，他们要么在修指甲，要么在剪促销优惠券。这不就意味着市场疲软，销售惨淡吗？再试想一下，当你听到“接线员正在通话中，请您稍后再拨”时，对产品是否畅销的想法会有何改变呢？画面中百无聊赖、无精打采的销售员工不见了，取而代之的是此起彼伏的电话铃和应接不暇的接线员。

广告词改变之后，看电视的观众虽然根本不认识其他电视观众，但是他们会跟从自己对他人行为的判断——“如果电话一直占线，那就意味着像我一样在看广告的人也在打电话吧。”

社会心理学的许多经典研究都显示出社会认同影响人类行为的强大力量。例如，在科学研究员斯坦利·米尔格拉姆及同事的实验中，其中一位研究员的助理来到纽约市熙熙攘攘的街头，他停在人行道上，仰头凝视天空，保持了6秒钟。很多行人绕着他看了又看，根本没抬头看一眼他到底在凝视什么。之后，研究员又增加了4个人，让他们一起“凝视天空”，结果加入他们的行人增加了3倍有余。

由此可见，旁人的行为是社会影响力的重要来源之一，这点几乎无人质疑。然而，当我们在研究中询问人们是否会受到他人行为的影响时，大家总是坚决否定。作为实验社会心理学家，我们当然知道这不真实，因为人们总是难以识别出影响自身行为的因素。也许正因如此，那些制作小卡片鼓励人们重复使用毛巾的组织并没有想到要利用社会认同的力量。他们反问自己“什么因素会促使我重复使用毛巾”，却忽视了他人行为对自己的影响。于是，所有的注意力都聚集到了重复使用毛巾能够保护环境的关系上，这个驱动因素至少看起来和他们期待的行为之间的联系更紧密。

上文中提到，大部分的酒店房客看到建议重复使用毛巾的标识后，在住店期间或多或少都重复使用了毛巾。那么，简单告知房客这一事实会有什么结果呢？会不会影响到房客在环保行动中的参与度？我和另一位作者，还有一位研究员决定检验一下，如果重复使用毛巾的标识传递出这样的信息，会不会比酒店行业中一贯采用的标识更具有说服力。

为了进行比较，我们制作了两种标识，并与一位酒店经理合作，将标识放入了客房中。标识之一是酒店行业的普遍做法，包含保护环境的基本信息，希望房客们爱护环境，通过重复使用毛巾的活动，表达对大自然的尊重；另外一个标识则利用了社会认同信息，坦诚告知酒店中的大部分房客在住店期间至少会重复使用一次毛巾。这些标识（以及其他在本书后文中提及的标识）被随机放置在不同客房中。一般情况下，实验社会心理学家会有很多积极踊跃的本科生作为其研究助理，以协助收集各种数据。但是，在这个实验中，无论是助理也好，酒店房客也好，大概都不愿通过潜入酒店房间的方式收集数据，我们的大学伦理委员会也不会接受（甚至我们的母亲也不会接受）。好在热心的酒店客房服务人员主动提出帮我们收集数据，于是在每个房客住店的第一天，服务人员就会登记房客们是否重复使用了至少一条毛巾。

我们分析数据后发现，相较于仅看到环境保护标识的房客，被告知多数人会重复使用毛巾的房客（这就是社会认同的力量，然而从未有酒店使用过这类信息）最终重复使用毛巾的概率会高出26%。这意味着此酒店重复使用毛巾的参与率比全行业一般水平高出26%。简单改变标识上的措辞，告知房客他人的行为，竟然让参与率实现了如此显著的增长。基于“人们总是否认他人行为会影响自己”的陈旧观念，这是个不错的进步。

这些研究结果显示，社会认同的力量能够在说服他人的过程中发挥显著的作用。当然，传递信息的方式也很重要。如果标识上写着“嘿！就是你！羊随大群，人随大流！”，那么，受众可能会不高兴。如果标识使用一些积极的用语，例如“加入保护环境的大家庭”，那么，可能会让更多人积极地接受这一信息。

社会认同不仅会影响公共政策，对我们的工作也大有助益。例如，当你大力推销产品时，一方面可以从出色的销售数据上展现出产品的畅销程度（想想麦当劳广告牌上的“已售出数十亿个汉堡”），另一方面，你也要记得从喜欢产品的消费者与客户那里收集褒奖产品的信息，以便提供给更多潜在客户，进一步肯定产品的益处。更理想的情况则是创造条件，让当前的客户有机会与潜在客户当面交流，亲身呈现他们对产品和公司服务的满意度。例如，可以邀请这两类客户参加午餐会或者研讨会，交错安排座位，让他们能够相互交流。在这样的场合中展开对话，现有客户自然会提及以往与你公司合作的优势。而且，如果你发出的午餐会请帖收到了潜在客户的如下回复“仍未能确定日程安排，我将尽早以电话通知是否到场”，那么，你不妨回复一句“如果电话占线，就请您稍后再拨”。

▼ 2 巧用从众心理

通过利用具有社会认同效应的信息，我们提升了酒店中重复使用毛巾的概率，且超出业内平均水平。由此可知，人们倾向于跟从他人的行为。而这又引发了一个新问题，人们更倾向于跟从哪些人的行为呢?

在重复使用毛巾的社会认同信息中，如果特别指明某一间客房中之前的客人采取了此类行为，而不是泛指酒店中的所有客人，那么，这样更能说服人们重复使用毛巾吗?也许不能。首先，从理性分析出发，此房间当前的房客不太可能对之前的房客抱有太多积极的想法，因为相较于酒店的其他房客，同一房间前房客的住店过程直接影响到了该房间的入住质量与舒适度。其次，同一房间客人的行为也并没有比隔壁房间客人或其他客人的行为更令人信服。然而，在之前的讨论中提到，许多心理学实验都发现人们往往无法正确判断自身行为的动机。

酒店毛巾实验中的社会认同信息告诉了房客，其他房客（也就是之前入住该酒店的客人）在住店期间至少会重复使用毛巾一次。

我们决定在这个实验基础上深入一步，在接下来的实验中，某些房客看到的毛巾使用提示会特别提及来自同一房间的前房客，以此作为社会认同效应的提示信息。也就是说，除了使用前一实验中的普通环境保护信息和一般社会认同信息，还有一些房客看到的标识上说明，同一房间中的大部分前房客至少已重复使用毛巾一次。

在分析数据时，我们发现，新增的这一组研究对象的毛巾重复使用率最高，超过了一般社会认同信息的组别，比普通环境保护信息的组别高出 33%。分析结果显示，前文提到的喜剧明星亨尼·扬曼如果在房间中看到标识上写着同一客房的前房客从未带走一条毛巾，那么，在退房前他的行李箱也许很快就合上了。这到底是为什么呢？

跟从他人行为模式往往需要结合具体的环境、情景或者当下条件。例如，在公共图书馆时，你会效仿其他来访者的行为，对吧？你会安静地在小说区浏览书目，偶尔和朋友交流也会轻声细语。你敢在图书馆里效仿酒吧客人的行为吗？比如拿书猛敲一下自己额头，或者搞个阅读游戏——一读到有字母 e 的单词就要猛喝一杯？如果不想被工作人员逮个正着，从今往后都不许进入图书馆，那么，你显然会选择前者。

前文中谈到客户的正反馈十分重要，它能够为你所用，进而影响目标人群的观点。这个实验结果说明，提供正面信息的个体与当前目标群体相似度越高，他提供的信息就越具有说服力。换言之，针对潜在对象选择正面信息时，我们需要警惕自己的主观意识，不要着眼于个人最重视的群体，而是着眼于与目标人群最相似的群体。例如，当一位老师试图说服某学生多来上课时，不应从班上表现最优异的同学那里收集关于出勤的益处的信息，而是要考虑和该学生相似程度较高的同学，问问他们常来上课的好处是什么。

再举一例，如果你向当地某家美容院的老板推销一款软件，其他美容院的老板都对你的软件非常满意，那么，与英国航空公司的大人物对你的软件非常满意比较起来，前一条信息对这个老板的影响会更明显。一般情况下，他的想法不外乎是“如果其他像我一样的同行都喜欢这个产品，那么，这个产品的使用效果应该不错”。

如果你是单位中的领导或者经理，需要说服员工采用新系统，那么，你要问问同部门中已经同意换新系统的人怎么想，他们有何积极反馈。如果你已经试过了这招，却仍然有一个固执的员工（可能是使用旧系统时间最长的员工）不愿意转换系统，怎么办？这种情况下，管理层常犯的错误就是找一位能言善辩的员工向他解释新系统的好处，而没有考虑到这位口齿伶俐的员工和那位顽固不化的员工可能是截然不同的两类人。其实，管理层应该去寻找其他长时间使用旧系统的员工，虽然他讷口少言或时常形单影只，但在这个情形中也许是最佳选择。

在本书第一版发行数月之后，我们团队中有人接到了英国税务海关总署打来的电话，他们提出了一个有趣的问题：“在酒店中说服房客重复使用毛巾的方法是否能在鼓励人们提交纳税申报表方面产生相似的效果呢？”又过了几个月，我们得到了肯定的答案。一般的纳税通知单会强调不及时纳税将遭到处罚，这次除了修改这类通知的内容，页面的顶端另外加入了一句话，客观地指明“英国大部分人都会按时纳税”。这一调整迅速带来了显著的改变：人们提交纳税申报表的概率上升了 5%。之后，我们对通知信函再次进行了调整，这一次通知中没有泛指全英民众，而是指明接受信函的大部分当地人会按时纳税。这次修改使得提交纳税申报表的概率上升了12%。以上信函及其他由英国行为洞察团队设计的同类信函增加了纳税收入、降低了征税成本，数额高达数十亿英镑。

这个实验又带来了一个新问题：同很多国家一样，几个世纪以来，英国一直在寻找鼓励缴税的有效方法，为什么就没考虑过这个简单易行、成本低廉的策略？英国的税务官员以及其他很多在专业化程度与复杂程度均较高的环境中工作的人，很可能认为应对挑战的方法存在于境况相似的征税活动中，即应该从其他国家税务体系中的最佳范例寻找解决方案。显然，没有人去思考要不要在通知函中加入一句社会认同信息。即便有人提出来，也可能很快就被否决了。通过自我反思，或者与本书类似的书籍的影响，人们才真正了解到他人行为对自身的重大影响。我当然不是说分享最佳实践范例毫无价值，但范例绝不应该成为你寻找答案的唯一途径。

▼ 3　避免使用消极标语

广告的首要目的是宣传产品，不是打动人心。但是，在 20 世纪 70 年代初，美国环境组织“让美利坚美丽永存”（Keep America Beautiful）制作的一支广告，却异军突起，它不仅感动了全美上下，甚至被称为史上最成功的公益广告（PSA）。为了将“道德养分”融入美国民众的日间电视“大餐”，这支广告的主人公设定为一位印第安土著居民，他目睹环境污染泛滥成灾，满眼泪光。20 多年后，这个组织在新一轮宣传中再次请出了这位老朋友。首先进入镜头的是公交车站等车的人群，其中，有的人在喝咖啡，有的人在读报纸，有的人在吸烟；公交车进站，大家纷纷上车离开，转眼站台空无一人，却留下了满地咖啡杯、报纸和烟头。镜头随之转向了公交站边上的海报栏，由远及近，海报中是那张熟悉的脸庞，他似乎看到了眼前一切，眼中还噙着泪水。随着广告画面变暗，紧接着出现了这支广告中最发人深省的信息:“熟视无睹，（环境污染）卷土重来。”

“熟视无睹，（环境污染）卷土重来。”这句话以及这支广告中的画面要传达什么信息呢？它主要是告诉观众，虽然随手乱扔垃圾遭人遣责，但很多人都有这种行为。广告中对这种现象的强烈批判可能触动了很多人，也传递出了关于这一行为的社会认同信息。社会认同效应的原则是人们会跟从大部分人的行为，这就包括了正面行为和负面行为。

这类例子在生活中十分常见。例如，保健中心和医院的等待区域会张贴海报，谴责未按预约时间就诊的患者，结果退号率一升再升，令这类机构的管理者非常苦恼。政治党派批评选民日渐冷漠，误以为这样的信息会激发大家的热情，结果越来越多的选民最终没有参与投票。在美国亚利桑那州，游览石化林国家公园的游客会看到警示标语——“随手带走一块木化石，意味着每一年有 14 吨的木化石失窃，您眼前的历史遗迹正遭破坏”。结果，一些游客们得知国家公园可能会消失，于是擅自从地上带走了木化石。

这些事例也许仅能反映部分事实，传递信息也是出于美好的初衷。但是，这些宣传的策划人员可能没有意识到，利用消极的社会认同信息作为激励标语，可能会让受众注意到这一现象普遍存在，而没有关注到现象本身的危害。其实，我们也是通过一位研究生的故事认识到了石化林的偷窃现象十分严重。一次，这位研究生和未婚妻一起去石化林国家公园游玩。据他本人描述，他的未婚妻淳朴正直，就算是借用了别人的回形针也会记得还回去。他们在国家公园中游玩时，看到了警示游客不要偷窃木化石的告示，他还没读完告示牌，未婚妻就用胳膊肘推了他一下，小声说道：“我们赶紧带一块木化石。”这位平日里遵纪守法的未婚妻是怎么了？他简直不敢相信。

为了检验消极社会认同的影响（并尝试开发更为有效的警示信

息），一位作者同另外一位行为科学家设计了两组旨在减少木化石盗窃的标语。包含消极社会认同信息的标语中指出有很多游客偷窃木化石——“许多游客从森林公园中带走了木化石，改变了石化森林原本的面貌”，配图中显示几位游客正在拿走木化石。第二组标语没有社会认同信息，只是简单陈述偷窃木化石是不合理、不可取的行为——“请不要带走木化石，保护石化林原貌”，配图为一名游客偷窃木化石，他手上的位置叠加了一个红色圆圈加斜杠的图案（即公示语中常用的“禁止”符号）。另外，还有一个不设任何标识的实验参照组。

我们将做过标记的木化石块沿途放置在若干条参观路线中，在参观路线的入口处放置不同标识（上述之一）或者不放置任何标识。这些情况都没有事先告知游客，我们在暗中观察，并对比不同标识对木化石偷窃行为的影响。

结果，在无标识的参照组中，木化石偷窃率为 2.92%，而包含消极社会认同信息的实验组别中，偷窃率高达 7.92%。这个结果可能会让国家公园的管理层目瞪口呆。社会认同信息标识竟然使偷窃率上升了近两倍，这哪还是预防犯罪？简直是鼓励犯罪。相比之下，另一个普通标识的组别中，偷窃率为 1.67%（比参照组更低一些）。实验结果正好印证了上文的猜测，当社会认同信息中表明一种不良行为发生频率很高时，公布这类信息可能会带来意想不到的负面作用。在此类情况中，请你不要传递消极的社会认同信息，而是要让信息受众清晰了解应该采取或者避免的行为；或者，在条件允许的情况下，你可以将信息受众的注意力聚焦在已采取积极行为的人群身上，这也可能意味着对数据信息进行调整。例如，石化林公园每年失窃的木化石高达 14 吨，然而，绝大部分游客都遵守了公园规定，自觉保护自然资源，偷窃者仍然是极少数（占游客人数的 2.92%）。

本书第一版出版之后，我们针对谴责不良现象的信息进行了进一步评估。在 2012 年的实验中我们发现，保健中心若在显著位置公布失约人次，那么接下来数月的失约率往往会增加，其原因有两个：第一，看到信息的人心里会想，“这么多人都失约，多我一个也不多”，从而使失约行为变得稀松平常；第二，只有真正就诊的人看到了这则信息，也就是鼓励本来准时守约的人不守规矩呀。

好在解决这个问题的方法简单易行且不需任何成本——各保健中心将公示信息的重点调整为按时就诊的人数，结果失约率下降了 18% 到 31% 不等。

这对于增强说服力又有什么启示呢？设想你作为公司管理人员，发现每月例会的出勤率一直在下降，与其让大家关注有很多人缺席会议的现象，你不如指出大部分员工都出席了会议，这样不仅能表达你对缺勤的不满，而且还能指出缺勤人员仅占少数。同理，企业领导也应该公布有多少部门、员工或者工作伙伴已经在日常工作中采用了新的工作方法、新的软件系统或者新的客户服务计划。这一做法让你能够充分利用社会认同的力量，而不是指责未能积极配合的人员，效果只会适得其反。

▼ 4　肯定人们的积极行为

石化林公园的实验表明，人们会不自觉地跟从大多数人的行为，其中就包括不良行为。在这类情况中，我们推荐调整信息，将焦点集中于采取积极行为的人群身上。但是，这一方法并非时时可行。那么，你就要以理服人，应该怎么做呢?

我们团队中的两位同事与韦斯·舒尔茨领导的研究团队进行了如下研究。首先，我们征得了加利福尼亚州 300 户家庭的同意，记录他们每周的能源使用情况。实验助理还会到这些家庭的旁边或者后院读表，为每户家庭的每周能源情况建立基线测量。然后，每户家庭会收到反馈信息卡，告知他们本户能源使用情况与周围住户的对比。

（如有读者担心实验助理的人身安全，我们特此说明，所有的任务均在白天进行，而且如果住户家中有未系绳索的犬类，助理们不得进入。在这次实验中没有助理受伤，敬请放心。）

不出意料，在之后几周，能源消耗水平较高的家庭减少了使用量，下降幅度为 7.5%。有趣的是，那些能源消耗水平低于周边住户的家庭，其能源使用量上升了 8.6%。这一结果显示，大部分人形成的行为水平会成为一个“磁力中间值”，偏离中间数的人会向其靠拢——不论原来的自身行为好坏与否，他们都会改变自己的行为，向“常规人群”靠拢。

如果人们原本的行为更有益于社会，那么，在他们得知自己的行为偏离（不大好的）常规现象后，如何防止这种常规现象对他们的行为产生负面影响呢？我们也许可以增加一个代表社会认可的标志，肯定他们的积极行为，这样不仅表示出这类行为有益于社会，同时也能通过提升个人自豪感去强化个人的积极行为。那么，应该使用什么符号呢？竖起大拇指的“赞”？还是直接印上字母组成的单词“APPROVAL”（表扬）？

或者只需一个简单的笑脸？我们又增加了一组实验条件来检验这个想法。根据能耗情况与周围住户平均水平的对比，各户家庭收到的信息反馈卡上会加上笑脸或者哭脸的表情图。数据分析显示，增加哭脸与否的影响并不显著，也就是说，无论卡片上有没有哭脸，能耗较高的家庭下降幅度都在 5% 以上。然而，针对能耗较低的家庭，在卡片上增加笑脸带来了意料之外的效果。

结果显示，对于能源消耗较低的住户来说，收到无笑脸卡片时，住户增加了 8.6% 的能源使用量，即上文提到的数据。而收到笑脸卡片时，住户则继续保持着较低的能源使用水平，并和之前相差无几。

这项研究结果不仅显示了社会常规行为对人们磁场般的吸引力，同时也展示了在肯定人们的有益行为时，如何能够防止此类信息产生负面影响。

再举一个例子。假设一家大型企业对外公开了内部报告，其中提到员工的平均迟到率是 5.3%。对外公开报告带来的好消息是实际迟到率比平均迟到率高的员工可能会调整自身行为，向常规水平靠拢；坏消息是平时较为守时的员工可能也会向常规水平靠拢。根据上述研究，准时出勤的员工应及时得到表扬，同时管理者要清晰明确地赞赏这一行为。在公共服务领域，也应该考虑这类信息的影响。例如，在逃课率上升时期，教育人员应该公开表示，大部分家长能够确保孩子按时到校上课，在肯定这一行为的同时，也要对少数未能做到这一点的家长清晰地提出批评。

▼ 5　选择太多导致的选择恐惧症

我们对这种感觉并不陌生。每当办理新工作的入职手续时，我们总是会收到铺天盖地的文件，要求我们做出一些重大决定。对于很多人来说，这其中就包括是否加入企业的退休金计划。一般来说，退休金计划就是将我们的部分工资自动转入某个投资基金中，待退休后提取。如果我们决定加入退休金计划，那么，我们往往会面临各种各样的选择，这时就需要我们自己识别哪个项目更适合自身情况。虽然企业采取了不少措施鼓励人们加入这些计划，其中包括纳税优惠和匹配雇主缴费等政策，但是，还是有很多人没能充分利用这些机会。为什么呢？难道提供了多种多样的选择反而会减弱人们加入计划的积极性？

行为科学家希娜·延加肯定了这个想法。她与几位同事分析了企业退休金计划中将近 80 万职员的数据，探究这些计划中可选择的基金数量与退休金计划的参与率之间的关系。果不其然，他们发现，员工可选择的基金的数量越多，他们参与计划的可能性就越低。研究还发现，退休金计划中每增加 10 个基金选择，参与率就会下滑将近 2%。

这里仅列举一组对比数据。研究发现，当企业的退休金计划中只有两只基金可供选择时，员工的参与率为 75%；当企业的退休金计划中有 59 只基金供可选择时，员工的参与率降至 60%。延加与另一位社会科学家马克·莱珀还进行了另一项研究，探讨选择过多的负面影响在其他领域是否同样存在，比如食品领域。研究人员在一家高端超市设置了展台，让路过的消费者品尝同一厂家生产的各种果酱。在实验中，研究人员会调整果酱供应的品种数量，有的展台提供 6 种口味的果酱，有的展台提供 24 种口味的果酱。而这两种情况的实验结果却截然不同：当果酱的选择种类特别丰富时，仅有 3% 停靠展台的消费者最终购买了果酱，而当选择较少的时候，则有 30% 停靠展台的消费者购买了果酱。销售额增长至原来的 10 倍，其背后的原因是什么呢？研究人员认为，当消费者面临众多选择时，他们可能需要区分出各个选项之间的差别，这就增加了选择产品的难度，所以，他们不愿面对手头的这个问题，甚至对产品失去兴趣以及购买动力。这个逻辑同样适用于上文中的退休金计划。

这是否意味着林林总总的选择有百害而无一利？在给出答案之前，我们先来看看温哥华颇负盛名的意式冰激凌店 La Casa Gelato（店名是意大利语“冰激凌屋”之意）。你可能会猜测，这里的冰激凌、冰沙球都有什么口味呢？答案是：你能想到的口味，店里都有；你想不到的口味，这家店也有！这家店始创于 1982 年，前身为温哥华商业区的一家球迷餐吧，现在已经成为店主文斯·米契奥口中的“冰激凌仙境”。

走进这家冰激凌店，展现在顾客眼前的冰激凌有 230 多种口味，鲜芦笋、杏仁无花果、陈年葡萄醋、墨西哥辣椒、香蒜、迷迭香、咖喱蒲公英等，冰激凌可谓琳琅满目。结合上文中的研究结果进行分析，文斯·米契奥在店中供应230多种口味的冰激凌岂不是犯了大忌？店主秉承的经营理念是向顾客提供越多选择、越有利于经营，而店里红火的生意也确实印证了他的想法。首先，五花八门的口味使此店得到了众多关注与宣传，多样的口味选择成为这个品牌独树一帜的标签。其次，店铺的大多数顾客真心享受品味冰激凌的整个过程，挑选、试吃让他们备感满足。最后，如果顾客已经比较了解自己的需求和喜好，希望找到能够满足自我需求的店铺或卖家，那么，将选择的可能性最大化，就更有可能提高客户的满意度。

然而，消费者成群结队涌上门来，在目不暇接的产品或服务中，迫不及待地寻找自己的心仪之选，这样的场面仅有为数不多的企业有运气实现。在大多数情况下，潜在的消费者并不清楚自己的需求，他们需要了解市场上有什么选择。因此，对于企业来说，如果提供了过多的产品选择，一不小心就会对销量造成负面影响，导致赢利下降。企业应该仔细审视自己的产品线，淘汰无足轻重或者不太热门的产品或服务，这样更有可能增强消费者购买的动力。

近年来，很多重要的生产厂商正在简化产品选择，其中一个原因就是消费者选择太多会心生反感。例如，宝洁公司提供了种类丰富的产品，从洗衣液到处方药，数不胜数。其中，最受欢迎的洗发产品之一就是海飞丝系列。后来，宝洁公司决定将海飞丝系列的26种产品减少到“仅仅”15种（对比之下，减少幅度确实不小），结果产品销量迅速上升了10%。

这对你来说，意义何在？假设你的公司出售某一产品，且这个产品有多种系列可供消费者选择，那么，你可能需要考虑减少选择的数量，尽可能激起消费者的兴趣，这听起来有违直觉，但值得一试；尤其是当潜在的消费群体并不清楚自身需求时，你更需要考虑这一策略。而且，简化选择还有其他好处，例如，释放库存空间、减少原材料支出、减少市场营销费用、减少销售点数据系统的投入，等等。你可以重新审视自己的产品可供选择的范围，问问自己：哪些消费者可能并不清楚自己对产品的要求？这些选择是否复杂到让他们不得不选择其他产品供应商购买产品？

本章的研究结果也可以应用于日常生活中。让孩子们自主选择阅读的书目或者决定晚餐的菜式当然是好事，但是，给予他们过多选择可能会带来负面的影响，甚至打消他们选择的积极性。有一句老话说："多样的选择是生活的调味料。"不过，科学研究也表明，在某些情况下，选择过多就像一道菜使用了过多的调味料，影响了一道好菜的味道，也浪费了你的一番努力。

▼6　增加一个“不作为”选项

前一章强调，在影响他人决策的过程中，要提供选择余地，但也要注意选择的数量。一般情况下，选择数目的设置过犹不及。

这并不是说要一味拒绝更多样的选择。在某些情况下，多一个选择不仅更好，而且能得到更有效的回应。不过，这一个选择可能并没有太多的实质意义。研究显示，有时候想说服他人、影响他人，只需增加一个“不作为”选项——什么都不做。

试想一下，你现在需要说服某人做出一个选择，一旦他做出选择后，你还要确保他能够坚持自己的选择。研究发现，在选择开始的时候添加一个“不作为”选项能够帮你更好地完成任务。

沃顿商学院的罗姆·斯切利夫特教授以及佐治亚州立大学的杰弗里·帕克牵头进行了一项实验。参与者被告知要进行一项找词游戏，每次准确找到一个词就会得到奖励，找词越多越好，且参与者能够随时终止游戏。在获知游戏规则后，参与者被分成了三个小组：

第一组，“被动选择组一”。参与者需要在两组找词游戏中任选其一：著名演员类或者首都城市类。

第二组:“被动选择组二”。参与者需要三选一：著名演员类，首都城市类，著名芭蕾舞者类。

第三组:“可拒绝组”。参与者可以在著名演员类或者首都城市类中二选一，或者拒绝参与。也就是说，这组增添了“不作为”选项。

斯切利夫特和帕克分析了实验结果，在找词游戏的投入时间方面，第一组与第二组差别不大。但是，当加入了“不作为”选项时，结果出乎意料，当参与者选择了字谜游戏之后，投入时间比其他两组多 40% 左右。

加入一个“不作为”选项就能够大大增强人们选择作为的意愿，增加其投入所选活动的时间与精力。这是为什么呢?

乍一看，加入“不作为”选项似乎毫无意义。不同于增添一个新话题，增添“不作为”选项并没有丰富字谜游戏本身，但这里最为关键的一点你不要忽略——“不作为”选项并不仅仅是为了增加选择，其目的是为了增强人们的投入程度。这个选项在不断提醒参与者，其所做选择是好的选择，否则之前他就已经选择了退出。

但是，增加一个“不作为”选项不会存在风险吗? 上述实验中，当参与者有退出的选项时，他们都选择了继续参与。在现实生活中，参与者选择“退出”会发生什么呢? 这种情况当然也有可能，但是增加“不作为”选项仍然不失为一个好策略，尤其是考虑到这样的设置能够大大提升其他参与者坚持的积极性（上文中提到，参与者的投入时间增加了 40%），这胜过选择“不作为”带来的损失。而且，只要有合适的激励措施，就能有效减少最终选择“不作为”的人数，同时也能收获增加这一选项带来的益处。

这种做法看似违背常理，但在很多时候，说服他人做出选择并坚持选择十分重要。如果私人健身教练在其客户的运动清单中加入这个“不作为”选项，那么客户的锻炼时间就会大大增加。同样，营养专家可以在咨询过程中提出“不作为”的选择，使客户在健康饮食方面更加严格要求自己。商界教练在帮助高管完成职业目标的时候，加入不起眼的“不作为”选项可能会成为实现目标的关键因素。如果你希望改变自身的行为习惯，就尝试一下这个小窍门吧，它能实现类似的效果。又或者，你也可以选择什么都不做。

▼ 7　告知免费赠品的真实价值

文具套装、圆珠笔、化妆盒、巧克力、香水 / 古龙水小样、汽车换油服务……这些都是商家经常提供的赠品。作为消费者的你，也许曾受到赠品的吸引而购买了某些产品。但有时候，这些小小的赠品也可能让消费者转身购买其他公司的产品。难道他们不喜欢免费的小礼物？提供赠品怎么会适得其反？

如果消费者购买产品（即商家销售的目标产品）能够获赠小礼品，那么这个小礼品本身的顾客感知价值以及吸引力就会大幅下降。社会科学家普里亚·拉格毕尔希望证实这个想法，她猜测，这可能是因为消费者推断产品的生产商不会白白送出有价值的东西。例如，消费者可能会认为赠品要么快过期了，要么已经过时了，或者是供大于求，所以厂家为了清库存才提供赠品。

为了证实产品被当作赠品之后价值下跌，拉格毕尔让实验参与者阅读一本免税产品册子，其中的酒水是销售产品，珍珠手镯是赠品。第一组参与者了解到了珍珠手镯是赠品，然后评估珍珠手镯的吸引力与价值；另外一组参与者直接评估珍珠手镯的吸引力与价值。

实验结果印证了上文中的假设：当得知珍珠手镯会作为赠品与目标产品捆绑时，人们愿意单独购买珍珠手镯的出价较低，相比于后一组的出价下降 35%。

有些企业为了促销某一系列的产品，可能会免费提供很多平时单独售卖的产品或服务。上述的研究结果对于这类企业可不是好消息。拉格毕尔提出，如果想要提供免费的产品或者服务又想避免出现上述反作用，那么企业需要告知或提示消费者赠品的真正价值。例如，你就职于某家软件公司，开拓新业务的方法之一就是给潜在客户免费提供一份产品，譬如安全软件。如果你在广告以及邮件中提出免费赠送这一产品，又没有指明消费者单独购买产品所需花费的价钱，那就是没有好好把握机会将产品定位做好，没有凸显产品本身的价值与重要作用。毕竟“免费”二字写成数字就是个大大的“0”，面对潜在的客户，你总不会希望这是他们所了解到的产品价值吧。为了确保赠送产品的价值定位得到认可，你应当让客户了解产品的真正价值。所以，在宣传信息中不要使用“免费获取安全软件一份”，而是改为“无须付款，您就可获取价值 150 英镑的安全软件”。

这种价值定位不仅适用于企业的经营，也可以影响他人。譬如，你跟某位同事说，为了协助他完成某项重要的策划案，你愿意加班一小时，因为你知道这个项目对于他的业务前景很重要。这样的表述其实是在向同事强调你的个人时间的价值，相比一言不发地加班，这个策略更能产生影响力。

同理，如果你是某学校理事会的成员，希望为学生建立免费的课外活动社团，那么在传递给家长的信息中，你需要指出在校外参加私立课外活动社团的费用，这样才能使校方社团的价值得以确立，进而调动参与社团的积极性。

这些研究发现不仅能够应用于商业与公共服务领域，对于家庭生活也有所启示。譬如你可以告诉岳父母（或者公婆），如果他们不想让自己的想法贬值，就别再主动给你提“免费建议”了。

▼ 8　最高价与最低价之间的折中之选

几年前，美国著名厨具零售商威廉姆斯－索诺玛推出了一款全新的面包机，其品质远远超越店内其他的同类产品。然而，产品清单里加入了这款新产品之后，原来最畅销面包机的销量竟然翻了一番。这是怎么回事？

威廉姆斯－索诺玛是极其成功的零售企业，其发家历程始于20世纪40年代末至50年代初。在加利福尼亚州索诺玛县，有一名建筑承包商查克·威廉姆斯，他与几位朋友到巴黎旅游，第一次见到了蛋卷煎锅、蛋奶酥模具等专业法式烹饪器具。这些器具品质上乘、格调精致，美式厨具远不可相媲美。于是，威廉姆斯－索诺玛厨房用品商店应运而生，而且做得风生水起，门店越开越多，又增加了目录销售业务（消费者通过寄送到家的购物目录订购产品）。时至今日，该企业及其旗下品牌的年销售额迫近50亿美元，而其中一笔不可小觑的销售额就来自上文中提到的那款面包机——当品优价更高的新面包机推出后，之前的老款面包机的销售额便立马翻番。

这到底是为什么呢？著名学者伊塔马尔·西蒙森认为，当消费者面临同类产品的一系列选择时，往往会喜好“折中之选”——消费者的最基本需求是什么，在这一需求上的最高花费是多少，他们会在最低价与最高价的区间之内挑选。如果二选一，那么，“折中之选”当然是便宜的产品；如果再增加一个价格更高的产品，那么，“折中之选”就从最低价产品变成了中间价位产品。在威廉姆斯－索诺玛公司的案例中，当价格昂贵的面包机出现后，原来较贵的面包机相比之下似乎就成了一个既明智又实惠的选择。

那么，这个面包机的案例带来的启示是什么？假如你是公司老板或者销售经理，负责推动产品和服务的销量，那你一定要认识到公司的最高端产品以及最高价产品能够带来两大好处。首先，这类产品能够满足部分当前客户和潜在客户需求，虽然人数不多，但是他们一心追求非凡品质，为这类客户提供合适的产品能够为公司带来显著收益。其次，这个好处比较隐蔽，鲜有人知——在某一产品线中加入一款高端产品，意味着价格排序第二的产品很有可能被认定为性价比最高的选择。

但这一条定律并没有得到充分利用，日常生活中也不乏其例。譬如我们都很熟悉的场景：在酒吧或者酒店挑选一瓶葡萄酒。许多葡萄酒酒吧或酒店都会把最贵的酒放在酒单最后，很多时候顾客的眼睛根本都没扫到那里，更不用说考虑购买了。某些酒吧或者酒店甚至会将所有高档香槟集中在一个独立的酒单里。因此，在另一份酒单上，中档的红酒和香槟没有成为“折中之选”，它们对于消费者的吸引力大大减弱。如果店家能稍微改动一下排序，在酒单顶端列出最高级的红酒和香槟，那么酒吧或酒店必定能享受“折中之选”

带来的好处。

这一策略同样适用于工作关系。假设你出差去参加一个在游轮上举办的会议，你想入住一间带窗的客舱，而且不想直接问上司能否预订窗舱。那么，你可以在窗舱之外增加两个选项——一个稍显简陋（无窗的内舱），一个近乎奢侈（带阳台的客舱）。基于这一系列选项，更有可能让上司做出有利于你的选择。

“折中之选”的策略不仅可以应用于面包机、酒类、住宿等领域，提供任何产品或者服务时，通过增加更昂贵的选择都能使得中端产品的吸引力大增。另外，如果你的公司已应用这一策略，那么高端产品销量的不景气很可能会使得公司停产该产品。当然，研究中也指出，如果企业贸然停产，又不能及时推出新的高端产品作为替代，那么就会出现“多米诺骨牌”现象——“最高价”的产品会一一倒下，后果堪忧。因此，要小心“折中之选”，它可能将你带入一个不断折中妥协的境地。

▼ 9　首因效应和末位出场的奥秘

设想一个竞争激烈的场景，你的团队要力争赢取某大客户，或者你离梦寐以求的晋升只差最后一轮三人角逐，那么，竞选过程中的出场顺序会不会影响到最后成功的概率呢？

每天都有数不胜数的用人单位、采购部门、经理人、预算负责人等在各种选择中做出决定，上述问题却鲜有人提起，更不会有人想到答案可能就在《X 音素》《舞动奇迹》这类选秀节目中。

我们回头再讨论个中原因，这里首先介绍哥伦比亚大学商学院的教授亚当·格林斯基博士。在普林斯顿大学获得博士学位之后，格林斯基得到了在芝加哥大学工作的面试机会。芝加哥大学的招聘遴选委员会考虑到路途遥远的问题，允许格林斯基自己选择合适的面试时间段。那么，格林斯基应该提前一晚到达，第二天首位参加面试，还是面试当天到达，选择稍晚一些的时间段？为了确保成功，格林斯基征求了普林斯顿大学多位同人的意见——这些可都是出类拔萃的心理学家，大家不约而同地给出了一致的答案：“第一个上！”

这条建议背后的理由十分充分，其中一条理由还要追述至20世纪60至70年代的研究。研究人员向参与者展示了一连串单词，然后请他们尽可能复述出来，结果人们往往对排序靠前以及靠后的那些单词印象更深，这就是后来大家熟知的“首因效应”和“近因效应”。之后又有众多研究显示，当展示单词与复述单词的时间间隔变长，“近因效应”几乎消失，但“首因效应”不受影响。也许正因如此，普林斯顿的同人才会建议格林斯基选择最早的面试时间。这么说来，这个建议确实不错，可是格林斯基最后并没有被录用。

可能是他当天运气不好，也可能确实有人比他更适合那份工作，但无论如何，这次经历在格林斯基的脑海中挥之不去，并且促使他进行了更深入的研究。之后，他拿到了普林斯顿大学的招聘信息，在过去5年进行的面试中随机挑选了一些记录。他发现，在绝大部分情况下，被录用的竟然都是最后一位候选人。这个发现着实令人大吃一惊。格林斯基越发好奇，于是他又扩大了探索范围，并且发现了同样的现象。一份针对欧洲歌唱网电视大赛的分析指出，1953年至2003年间，在比赛中出场顺序靠后的选手得分往往高于出场顺序靠前的选手。在《美国偶像》《X音素》等选秀比赛中也能发现同样的规律。也许，评委们对于前面选手的印象逐渐淡化了吧。

还有一个有趣的现象：无论是在个人表演结束之后单独评分，还是所有表演结束之后一起评分（《舞动奇迹》的评分规则），末位出场的优势均不受影响。

这一条规律中存在两个重要因素。首先，当表演依次进行，刚开始的时候评委往往比较吝惜分数，如果一开始分数给高了，那么之后出现了更出色的表演就没有太多打高分的余地了。其次，比赛刚开始时，评委们往往会将参赛选手与自己想象中的完美选手进行对比，这样的标准可想而知有多高。所以，如果你处于竞争之中，那么，尽可能靠后出场会大大增加优势；如果你坐在评委席上，不想错过真正出色的候选人，那就要想办法摒除顺序带来的偏见。其中一个方法就是让顺序靠前的候选人再去见另一名评委或者面试官。而在只有一名面试官的情况下，将各个面试之间的休息时间延长，也许能够起到一些平衡作用。

这里绝不是说末位出场就所向无敌了。有些公司的招聘计划就是选用第一位出现的合适人选，在这种情况下，首位出场肯定更有优势，因为早起的鸟儿有虫吃[①]。

另外也有证据显示，竞争之中只有两个候选人时，首先出场的那个人往往占优。总之，审时度势很重要。当候选人较多时，想要获得晋升机会，想要锁定新客户，末位出场才能大大增加你的成功概率。

---

① 一般认为这句话源自英国博物学家约翰·雷 1670 年的作品《英语谚语全集》，而这本 17 世纪的作品中还出现了另外一句谚语“善始好，善终更好”，想来意味深长。300 多年之后，行为科学家们的研究结果与约翰·雷的洞察不谋而合。研究发现，人们对于某事件的记忆通常取决于其经历中的（痛苦或快乐）巅峰时刻以及最终时刻，即“峰终定律”。鉴于此，当你面对评委时，不但需要争取末位出场，还要记得让最出彩的部分当作最后的定音之锤。

▼ 10　宁拿铜牌，不要银牌

无论是企业还是某种产品或服务，获得出色的评分总会为其锦上添花。只要产品或服务在排行榜上独占鳌头，银行揽客、大学招生、电影宣传等活动自然会吸引很多潜在客户。只要你是第一名，你当然希望尽人皆知。

如果你是第二名呢？虽然也是不错的成绩，却似乎有点儿棘手了。告诉大家你是第二名意义不大，毕竟这就等于承认你不是第一名呗。这当然不是说排名第二就是满盘皆输。当你获得第二名时，可以说自己是“三强之一”，这个说法既被人熟知，又留有解释的余地。这个思路是否适用于排行榜中接下来的排名呢？如果一家银行排名 16，那么宣称自己是“16 强”“20 强”，这样更有利于招揽客户吗？如果一所大学排名 42，那么，宣传自己为“50 强名校”“100 强名校”，学生就会蜂拥而至吗？

市场营销专家肯特·格雷森教授就职于美国伊利诺伊州的西北大学，他在研究中发现，无论排名与谁有关，人们总是比较喜欢排名数字较为熟悉的榜单。某些排行榜希望出奇制胜——譬如“92 强榜单”，这些异常数字短时间内或许可以博人眼球，但随着新鲜感迅速消退，人们往往会心生疑虑。

因此，当你面向现有与潜在的客户时，不要故作聪明，不要剑走偏锋。橄榄球联盟中有“11 强球员”还说得过去，但是在酒店行业中推出“11 强”就很牵强，不如化零为整推出“20 强”。在沟通交流中，直截了当也往往言而有力。

排名不仅影响企业推广的方式，排名第二、第三甚至会影响个人的幸福感。

心理学家维多利亚·梅德维克、斯科特·麦蒂、托马斯·吉洛维奇的最新研究显示，在运动比赛中，银牌得主显然没有铜牌得主那么开心，这是因为兴奋劲头过去之后，获得第二名的运动员会陷入反事实思维中，将现实的比赛结果与更理想的比赛结果进行比较，并且将自己与第一名对立起来，从而忽视了已落入囊中的银牌，转而纠结错失的金牌。

而铜牌得主往往会想到更不理想的情况——如果他们表现稍差，可能就得不到奖牌。所以，铜牌得主庆幸他们登上了领奖台，也因此更加开心。

这个结论是如何得来的呢？托马斯·吉洛维奇让一群大学生观看巴塞罗那奥运会上得奖运动员的录像片段。这些学生不知道运动员的得分，只是根据录像片段以 1 至 10 分评估运动员们的情绪，“1”为“痛苦不堪”，10 为“欣喜若狂”。结果，评分趋势昭然若揭：比赛结束不久以及颁奖仪式上，铜牌得主都比银牌得主表现得更高兴。

2006 年，美国加利福尼亚州的心理学家大卫·松本和鲍勃·威林厄姆研究了柔道比赛之后选手的微笑，其结果与上述分析一致：

铜牌得主比银牌得主更有可能露出真挚的笑容。不过，还存在一种例外的情况：如果获得铜牌的运动员曾经获得过金牌，那么他也不太可能露出真挚的笑容，因为他并没有达到自己预期的表现。

这么看来，人们的幸福感与其预期息息相关。

国际旅行评论网站猫途鹰（TripAdvisor）的企业排名情况也印证了上述现象。上述规律也同样适用于各种正规排名对企业负责人的影响，例如顾客服务排名、利润率排名，“猫途鹰”中的酒店及餐厅排名，等等。排在第2名可能比不上排在第3名更开心，因为对第2名来说第1名就近在咫尺；排名11比排名12更令人不快，因为刚好与“10强”擦肩而过。因此，在公司内部讨论排名情况的时候，应同样采取面向消费者的交流策略，相较于“排名12”,“20强”能够传递出更多积极信息，从而鼓舞员工们更上一层楼，争取进入前10名。

▼ 11　高度恐惧信息必须配合详细的行动建议

第 32 任美国总统富兰克林·德拉诺·罗斯福首次就职时，美国仍处于经济大萧条时期。面对倍感焦虑的美国民众，他说道："首先，我要声明自己坚定的信念——我们唯一恐惧的就是恐惧本身……恐惧麻痹了转退为进的努力。"但罗斯福这么做是否合理？试图说服他人的时候，恐惧到底起了麻痹作用还是激励作用？

总体上看，实验证据表明激发恐惧情绪确实能够鼓动受众采取行动、应对威胁，然而，这条基本规律并非屡试不爽——当激发恐惧的信息仅仅描述了危险状况，却没有告知大家清晰、详细、有效的方法应对危险，那么信息受众可能会通过"屏蔽"信息或者以否认信息有用的方式来应对恐惧情绪，继而麻木不仁、无所作为。

霍华德·利文撒尔及其同事进行了实验，参与的学生需要详细阅读介绍破伤风的健康宣传册。部分宣传册中会出现感染破伤风的图片，令人触目惊心；同时，部分学生会获得破伤风疫苗注射的具体步骤的介绍。实验中还设置了参照组学生，他们没有得到任何关于破伤风问题的警示信息，仅获得了疫苗注射的简要信息。实验发现，高度恐惧信息只有搭配上具体的行动计划，才能真正鼓动信息受众去打预防针，从而减少对于破伤风的恐惧。实验还说明，高度恐惧信息与详细的行动建议要相互结合，才能够真正降低危险。当人们能够获知明确的行为方式摆脱恐惧，就不需要通过回避等心理手段寻求慰藉。

上述发现也可以运用在商业等领域。当你在广告中宣传某产品或某服务能够减轻消费者面临的威胁，一定要记得附上清晰、详细、有效的步骤，告知他们如何减少这一威胁。仅仅传递骇人听闻的信息，试图让消费者认识到产品或者服务所能应对的危险，只会适得其反，使消费者心生反感。

上述研究的另一个启示就是，如果你恰好发现了某公司大型项目中特别严重的问题，那么向管理层汇报时，你至少要带上一份行动计划，说明如何才能避免最坏的结局。如果你想先汇报再想计划，那么当你和同事把计划写出来的时候，管理层可能已经找到办法屏蔽你的汇报信息，或者拒绝承认该项目中存在这一问题。

医疗保健专家以及公共服务领域的宣传人员尤其需要注意这一研究中的启示。例如，医生希望说服超重患者减轻体重、增强锻炼，一方面是要提出超重带来的潜在危险，同时也要提供清晰明确的步骤，让患者能够实施减肥行动，包括提出具体的饮食搭配方案以及锻炼计划。仅仅指出超重会增加心血管疾病、糖尿病的风险，只会让患者感到恐惧，转而逃避问题。在公共服务领域，展示吸烟、无防护性行为、酒驾等危险现象的画面可能令人毛骨悚然，但如果不提供有效的计划，引导人们杜绝此类行为，那么，宣传工作的效果可能事与愿违，甚至相背而行。

具体而个性化的相关信息不但能够减少人们的危险行为，还可以减少不诚实行为。2015 年，我们进行了一项实验，以验证在信函中增加具体明确的指示信息能否鼓动逃票人士缴纳罚款。

搭乘欧洲某铁路公司列车时，如果某位乘客没有随身携带有效票据，那么，之后他会收到缴纳罚款的信件。信件中会说明，未及时缴纳罚款有可能被起诉。当信件中附有标注法院地点的地图时，回应的人数明显增加，缴纳罚款的速度也明显提升。地图上标记了法院地点，使人们在未能缴纳罚款的情境中，对于下一步会发生的事情更加清晰、明确，进而促使人们采取行动，避免消极效果。

鉴于此，罗斯福的演讲也许可以稍做修改——“我们唯一需要恐惧的就是恐惧本身。”

▼ 12　互惠才能互利

2005年4月，国际象棋前世界冠军博比·费希尔正遭到美国执法部门的通缉。面对美国政府的严厉谴责，某主权国家的议会以绝对多数票通过决议，赋予费希尔该国国籍。到底是哪个国家执意保护这个离经叛道，甚至公开赞颂“9·11”恐怖袭击的亡命之徒，竟然不顾惜与世界第一强国之间的关系？伊朗？叙利亚？朝鲜？

都不是。这次是美国一贯以来的盟友——冰岛，冰岛议会投票一致通过授予费希尔冰岛国籍。费希尔曾远赴南斯拉夫参加奖金高达500万美元的国际象棋比赛，违反了联合国对南斯拉夫的制裁决议。那么，为什么冰岛向费希尔敞开了双臂？

这还得从30年前一场全球瞩目的比赛中寻找答案。1972年，世界国际象棋冠军赛上，上届冠军苏联棋王鲍里斯·斯帕斯基迎来了挑战者费希尔。这次比赛得到了前所未有的关注，国际象棋也由此在全球得到了推广。当时正是美苏冷战高峰，因此这场赛事又被称为“世纪之战”。

比赛在冰岛揭幕了，脾性古怪的费希尔却没有出席开幕仪式。

他提出了很多要求，其中包括禁止电视摄像、收取30%的观赛收入等，有关当局根本无法满足他的要求，人们一度怀疑比赛可能无法正常进行。费希尔的行为总是自相矛盾，这一特点也贯穿在他的事业生涯以及个人生活中。然而，随着比赛奖金突然翻倍，美国国务卿亨利·基辛格亲自致电劝说费希尔，经过多方努力，费希尔终于飞抵冰岛，在比赛中轻松击败了斯帕斯基。赛程将近两个月时间，最后一轮对垒结束时，赛事新闻已经覆盖了冰岛国内外大大小小的媒体。冰岛政府之所以愿意去包容古怪无常的费希尔，用一位冰岛新闻记者的话诠释，是因为“他让冰岛在国际上声名大振”。

冰岛将之视为费希尔给予这个国家宝贵的馈赠，即便在30年之后，冰岛人依旧无法忘怀。冰岛外交部门发表声明称，费希尔“有功于冰岛，虽是30年前，但人民记忆犹新”。英国广播公司（BBC）评论道，冰岛人民“期望通过提供政治避难回报费希尔先生”，即便有很多人觉得他不招人待见。

上述事件凸显了互惠准则的重要性及普遍性，根据这一准则，如果你接受了他人的帮助，就有义务回报对方。这一准则驱动着人们在社会往来、商业交易、亲密关系中追求公平，建立互信。

研究人员丹尼斯·里甘就互惠准则做过一项经典实验。化名为“乔”的实验工作人员主动给部分人赠送了可乐作为小礼物，然后向他们兜售抽奖彩票。对比收到礼物的人群和未收到礼物的人群购买彩票的情况，前者买彩票的可能性是后者的两倍。在这一过程中，赠送礼物和兜售彩票有一定时差，而且乔在推销彩票的过程中并没有提及之前发放小礼物的事情。

里甘的实验也带来了另一方面的启示：费希尔备受争议，为什么冰岛政府仍然觉得有义务回报他？虽然很多地方都提到好感与服从息息相关，但是里甘在实验中发现，收到可乐的人最后决定购买彩票与他是否喜欢乔这个人并无关系。换言之，在收到可乐的人群中，对乔有无好感的两类人最终购买彩票的比例相差无几。这就说明了互惠准则中产生了亏欠人情的心理，远远超过了个人好恶。互惠准则的力量如此强大，超过了个人喜好的力量，这就为增强说服力带来了启示。如果他人请你给予重大帮助，但在短期内没有回报，那么从影响力以及道德的角度出发，你都应该先给对方帮助或者先做出让步。如果你帮助自己的团队成员、同事或者熟人，这就创造了一个在将来帮助你、回报你的社交义务。如果你帮助自己的上司，这就使你在上司眼中更具合作能力，为将来获取协助奠定了基础。如果你是管理人员，知道某员工预约了牙医，让他早点儿下班就会让员工感受到社交回报的义务，也许在重大项目来临时候，他就是主动要求留下来加班的人。

当希望说服或者影响他人以求帮助时，我们总是会问自己："谁能帮我？"这个方法其实比较短视。根据互惠准则及其带来的社交义务，问问自己"我能帮谁"更能有效提升对方将来答应请求的概率。如果说管理层的工作就是利用集体的力量完成工作，那么在各个同事之间形成良性的人情网络，提供资讯、做出让步、善于倾听等行为，都可以为管理层将来的工作打下良好的基础。同样，你在面对朋友、邻居、伴侣、孩子时也应如此，当自己先提供了帮助，对方就更有可能做出积极的回应。

另外，微不足道的恩惠对某一类人的影响卓有成效——客服。假如你的信用卡扣费有问题，又或者要临时更改机票班次，又或者要退货，总有可能会遇见一些帮不上忙的客服。为了减少这类情况发生，在接触客服的时候，如果对方友好和善、热情有礼（应该是你没开口提要求之前），那么你可以首先表示，到目前为止对方的服务都令人满意，打完电话之后要马上致信其部门好好表扬一番；记得把对方的姓名及其领班的联系信息记录下来（当然，另外一种做法就是告诉对方你对他的服务相当满意，希望在通话结束后能够接通其领班的电话）。之后，你就可以把手头的麻烦事告诉他了。心理学上对于这个策略的影响有种种解释，但互惠准则绝对起到了重要作用：因为你先提供了恩惠，对方就会感到有必要回报这个恩惠。花一点儿时间写封表扬信或者电子邮件，总好过与客服卷入盘根错节的“心理战”（也有可能是“号叫战”），使双方身心俱疲。只要你能保证守约，这个策略不但光明正大，更是行之有效。

▼ 13　用最人性化、最详细、最用心的方式发出请求

订书机？钢笔？铅笔？垫板？镇纸？量角器？日程本？打印机？办公用品可真不少啊，那到底哪一样能够“粘住”你的影响力呢？如果此刻你正坐在书桌前，那么这个问题的答案可能就近在眼前。

社会科学家兰迪·加纳瞄准了便利贴，例如最广为人知的3M公司生产的便利贴。他认为在便利贴上手写请求信息能够促使人们完成这一请求。在一项研究中，加纳发出调查问卷，问卷发放分为三种情况：（1）问卷以及附信，附信上的便利贴有手写的请求完成问卷的信息；（2）问卷以及附信，无便利贴，但附信上手写了有同样请求的信息；（3）问卷以及附信，无便利贴，无手写信息。

结果，便利贴这个黄色的小方块竟然身手不凡：超过75%的（1）类受访者填写并返还了问卷，在（2）类受访者与（3）类受访者中，比例仅为48%与36%。但是，到底是哪个因素起了作用？只是因为便利贴的荧光色更能吸引人们的注意力吗？

加纳也有这个疑惑，为了弄清究竟，他又发了一批新问卷，这些问卷也平分为三类：问卷附上手写便利贴；问卷附上空白便利贴：问卷不附便利贴。如果起作用的因素是引人注目的荧光黄，那么第一类与第二类问卷受访者应该有相当的回复概率。结果并非如此。附有手写便利贴的问卷得到了 69% 的最高回复率，空白便利贴问卷有 43% 的回复率，不附便利贴的问卷仅有 34% 的回复率。

原因何在？加纳认为，虽然没有人会特意关注便利贴的存在，但是在材料封面贴一张便利贴，再简单写句话，确实会让收材料的人意识到调查机构花费了一些心思，倾注了一些情感，因此他们觉得自己有必要通过完成这一请求作为回报。毕竟，互惠互利可以说是一种社交黏合剂，促使人们形成并维持一定的合作关系。这种无形的黏合力远远超过便利贴背面的那点儿胶水。

研究证据更有力地说明了这一点。加纳发现，个性化的便利贴更有说服力：收到附带手写便利贴的问卷受访者，回复的速度更快，回复的内容更详细、更用心；加纳在便利贴上增加了自己的姓名缩写（R.G.）以及“谢谢你！”等字眼，使得个性化效果进一步增强，结果，回复调查的概率显著上升。

总体而言，这项研究洞悉了人类行为中的重要一面：请求的人性化越明显，回应的概率就越高。

具体而言，这项研究说明在工作、社区、家庭中，面对数不胜数的报告、信件、通知，个性化的便利贴能够凸显调查材料的重要性，不至于石沉大海、杳无音讯。而且，你得到回复的速度和质量也会显著提升。归根结底，想要说服他人的时候，动用一些个性化的小技巧，受益颇丰的不仅仅是卖便利贴的 3M 公司。

▼ 14　制造足够的惊喜

如果你在酒店就餐，吃的正好是蒜味浓郁的美食，那么饭后离场的时候看到出口摆着一小篮子薄荷糖，肯定会欣慰不已吧。（如果你饭后要去大战吸血鬼就另当别论）这种贴心的安排是让顾客在就餐后恢复清新的口气，但是，在这个场景中，薄荷糖的摆放位置对于餐厅以及服务人员是否足够贴心呢？

某些餐厅选择了另一种更为有效的方法来供应薄荷糖：服务生会在用餐结束之后将小糖果摆放在银色小碟里，随同结账单一起送到餐桌。在这个情境中，小礼物竟然具有更强大的影响力。

行为科学家戴维·斯特罗梅斯及其同事进行了一项实验，检验饭后提供的小糖果对就餐顾客支付的小费到底有没有影响。在第一种实验情形中，服务生将账单送到餐桌前，同时给每位就餐客人提供了一颗糖果；相较于不提供糖果的参照组，服务生的小费有没有变化呢？对比显示，服务生的平均小费增加了 3.3%——幅度不大，但确实有所提升。在第二种实验情形中，服务生给每位客人提供了两颗糖果；一颗糖果估计才 1 美分，但是相比没有糖果的参照组，这回小费竟然高出了 14.1%。这个结果可能已在你的预料之中了，因为前文中提到了互惠准则——一个人得到的越多，他回报对方的感觉就越强烈。但是，什么因素能够让小礼物、小恩惠的说服力更上一层楼呢？第三种实验情形中出现了答案。

针对这一组的客人，服务生首先会给每人提供一颗糖果，然后转身，示意自己即将离开。然后呢，他们再故意折返，从口袋里再拿出一颗糖果给客人。这个动作的言下之意就是，“呀，你特别好，我要多给你送一颗糖果”。结果如何呢？服务生的小费上升了 23%。

当你希望增强小礼物或者小恩惠的说服力并获得回报，这个实验指明了三个要素：第一个要素，是给予的东西在接收人眼中有一定分量。赠送一颗糖果与赠送两颗糖果相比，服务生的小费提升幅度从 3.3% 上升到 14.1%。这并不是说礼物越昂贵就越有分量，两颗糖果也花不了多少钱啊。第三种实验情形中增加的条件不可忽略。从经济学角度分析，第二种情形与第三种情形并无差别；两种情形中，每位客人在就餐结束后都得到了服务生赠予的两颗糖果。在给予礼物的数值上确实没有差异，但是在给予礼物的方式上却大有不同。这一洞察恰好引出了另外两个增强说服力的要素——收到礼物的意外程度及礼物的个性化特征。在第三种实验情形中，当服务生给了客人第一颗糖果，转身准备离开时，客人心里可能认为与服务生的互动已经结束了，所以第二颗糖果纯属意料之外。另外，服务生的表现让客人觉得自己与众不同，于是第二颗糖果也就有了个性化色彩。

当然，如果服务生面对每一桌客人都使用了这个小技巧，那么他不但会遭到客人鄙夷，其作用也不会长久。只要客人发现每一桌的情况都是如此，多加的那颗糖果就失去了分量，失去了惊喜，失去了个人色彩。反之，这颗糖果会被视为卑鄙的伎俩，让客人心生厌恶。当然，这个研究结果显然也有合情合理的用武之地。你给予对方的每一件礼物、每一次援手，如果想要得到对方满满的谢意，那么你一定要用心想想，在对方眼中有什么东西意味着个性、分量与惊喜呢？

即便只是分析前两种实验情形，我们也足以发现餐厅在出口位置摆放薄荷糖并不明智，它会让服务生错失了表示感谢的机会，也错失了获得顾客回报的机会。糖果可能不值钱，但送糖果的服务生却能够让每位客人感受到自己对餐厅的重要性。

▼ 15　退一步海阔天空

谈判有时候真是棘手万分。如果你是买家，那么你自然是想确保物有所值，尽量不花冤枉钱。如果你是卖家，那么你自然是想赚得盆满钵满，要不遗余力地保守成本与利润的秘密。于是，商业谈判进展得群情激昂、捕风捉影、剑拔弩张，这都不足为奇。

那么，在下一次的谈判中，有没有什么策略能够让你说服对方少些钩心斗角的竞争，多些开诚布公的合作，与此同时又能真正提升达成协议的概率呢？

华盛顿的乔治城大学商学院的研究人员进行了一项实验（还真有这样的策略）。实验证明，如果谈判中的一方能够先提出让步，再提出让对方给予自己一点儿恩惠，那么他往往就能让自己处于优势地位。这样不仅能够为敲定协议创造更为融洽的合作氛围，也能够增加达成协议的概率。

这是为什么呢？当让步条件加上恩惠请求时，对方更有可能认为这个让步确实造成了一点儿亏损。卖方如果没有付出一点儿代价，一般也不会做出请求呀。这么想来，买方当然就更容易转化为互惠互利的心态。这个规律在实验中得到了印证。在实验中，卖家和买家随机分组；其中一半卖家根据实验要求，首先做出价格让步，然后马上提出让潜在买家给予自己一些帮助。例如，卖家先同意给出一个折扣，然后要求买家在网上给予好评或者向同事推荐该服务。在另外一半卖家与买家组成的参照组中，卖家给出了同样的折扣，但是没有提出帮忙请求。

参照组中，得到折扣信息后，40% 的买家最终决定购买；而在卖家增加了恩惠请求的小组中，成果喜人——62% 的买卖双方达成了协议。想想在这组中，买方还要承担恩惠条件，这个比例确实令人惊讶。研究人员发现，这种“恩惠加请求效应”同样出现在包含多次互动的谈判情形中。也就是说，这一策略可不仅仅适用于速战速决的谈判，在持久战中也同样能大显神通。

如果你希望提高谈判成功的概率，更好地销售产品，那么这一策略不仅大有用处，而且还会带来好评及推荐等额外的好处，为你的谈判锦上添花。如果你本身就已经留有让价空间，那么这个策略甚至不会耗费任何成本。

▼ 16　先想想“我能帮谁”更有利于合作

前文中讨论到酒店毛巾的使用问题。许多酒店会提醒房客保护环境的重要性，鼓励他们重复使用毛巾。而有些酒店为了展示自己与房客同心同力，又进一步为房客们的合作提供了激励。这些酒店使用了激励型信息，例如在毛巾使用标识上标明，如果房客能够重复使用毛巾，那么酒店将会把部分节能资金捐给环境保护组织。

这类标识的设计人员认为激励能够有效促进环保行动，原因很简单，大部分人都认同激励措施的作用：奖励孩子一支甜筒雪糕，他打扫房间的积极性就会大大提高；按时按量给狗狗奖励小零食，大龄狗狗也能学会新技能；而每天早上把你从床上拽起来、催你出门上班的动力，难道不是你的工资？酒店所使用的激励措施没有给房客带来直接的好处，但其承诺为环保做出的额外贡献看似确实能够鼓励房客参加到同类行动中。这样的措施效果如何呢？

我们团队中两位研究员在同一家酒店进行了新的实验。这次实验中，一部分房间的毛巾使用标识展示了基本的环保信息，另一部分房间的毛巾使用标识增添了激励型信息。经过调查分析，后者重复使用毛巾的概率并没有显著提升。为什么呢?

第二种方法本身具有一定道理,除此之外,信息中附加小小的馈赠,确实能够使其更具说服力。如果有人提出为你做点儿事情,前提是你先有所表示,那么这仅仅是经济意义上的交易行为,在社交意义上,你并不觉得有必要与其合作以示回报。但是,如果你已经接受了对方的恩惠,那么在互惠准则的驱使下,你回报的心理就会特别强烈。正因如此,上文中的激励型信息与普通信息的说服力不相上下,表现平平——因为酒店没有走出第一步,房客也就没有答应其请求(表示回报)的社交义务。

酒店使用激励型信息,同心合力的意识没有错,但这个行动顺序可能有问题。根据之前提到的互惠准则,有效提升房客参与率可能需要颠倒行动顺序——换言之,酒店应该先无条件捐款,然后再请求客人们重复使用毛巾。我们在实验中也测试了这一信息。

第三种标识的信息同样提到了向非营利环境保护组织捐款,但是这个捐款没有以房客的行动为条件,也不要求他们首先采取合作行动,而是说明酒店已经向该类组织进行了捐款——并且是以客人们的名义捐款。然后,标识中才提出希望房客能够重复使用毛巾,回敬捐款。在展示第三种标识的客房中,重复使用毛巾的概率比第二种情况高出 45%,效果不凡!这一发现的有趣之处在于,两个标识的文字内容基本一致,但是传递出的信息却截然不同。虽然两个标识都告知了房客酒店的捐款行为,但是互惠型信息中指出酒店首先行动,利用了互惠准则,激发了房客的社交义务,使其参与到了活动中。

其他相关的研究也都清晰指明,无论是面对同事、客户、学生，或是面对萍水相逢的过路人，如果你想与合作方达成合作，那么首先就要真心实意、不带附加条件地提出帮忙。当我们希望自己影响他人的行为时，“我能帮谁”比“谁能帮我”的思路更加行之有效。利用这种方法寻求合作关系，不仅能够增加让对方同意合作的概率，还能够确保合作建立在稳固扎实、相互信任的基础之上，双方的合作也将更为长久。而激励型信息的基础往往比较薄弱，当承诺的奖励不复存在或者失去吸引力，合作关系的基础便岌岌可危，辛辛苦苦搭建的合作桥梁也将瞬间坍塌。

▼ 17　承担更多的企业社会责任

现在，越来越多的公司开始参与社会责任活动。“企业社会责任”简称 CSR，其背后的逻辑就是，企业需要承担社会责任，并为此进行一系列活动，包括支持慈善组织、派遣员工参加志愿活动。某些知名企业还会慷慨纳税，通过这类行为提升企业形象，增强员工动力，赢取客户信任。

这个道理不假。企业实施 CSR 项目确实能够获得显著的回报，确实能够提升企业形象、增强员工动力，最出人意料的是，企业不仅会赢取更多消费者的青睐，甚至还能够影响消费者对其产品的评价。

一个组织的善行会影响他人对其产品品质的评估？这不仅出人意料，简直不可思议呀。每天早晨上班的路上，你总喜欢到某家店里买一杯咖啡，因为觉得咖啡味道特别好，这可以理解。但是，卖咖啡的公司把部分赢利收入捐给慈善组织，它家咖啡的味道就会更好吗？这似乎说不通呀。同样，如果有人说，某牙膏公司做了社会公益事业，用它家的牙膏，牙齿会更白一些，那么你能相信吗？

来自美国伊利诺伊州埃文斯顿市的西北大学凯洛格商学院的研究人员进行了多项实验，结果证实了上文中不可思议的逻辑——当企业的产品或服务相同时，担负社会责任的企业的产品往往会得到更好的评价。

在其中一项实验中，消费者受邀参加某葡萄园的红酒品鉴活动。所有的葡萄酒都装在一个个完全相同的小塑料杯中，每杯葡萄酒附带一张酿酒厂的卡片，卡片中介绍了葡萄的风味以及采摘技术。除此之外，有一组的参与者被告知该酿酒厂参与了一项重大社会公益事业，“酿酒厂将10%的销售收入捐赠给美国心脏协会。”两组参与者阅读完卡片信息，品尝了葡萄酒，然后以1 ~ 9分进行打分；另外，参与者还需要说明自己对葡萄酒的了解有多少。

最后的结果令人意外，在得知酒厂公益事业的组别中，许多人给这家葡萄酒的评分高于另一组。许多人，而不是所有人。对于某一类参与者，得知公益事业的信息对其评分并没有影响。两个组别对比来看，自称为“葡萄酒行家”的参与者与葡萄酒爱好者对葡萄酒的评分相差无几。

由此看来，当消费者对产品或服务的了解比较有限时，企业的善行对其影响最为明显。另外，当产品或服务的品质难以客观评测，或者消费者还没有清晰的喜好时，企业善行的影响力也更为明显。换言之，这种影响并不适用于所有消费者。但是，大批消费者仍然在适用范围之内。单从影响力这一点出发，卓有成效的CSR项目依赖于以下两方面的工作。

首先，说服企业决策层CSR项目值得付出。这一点颇具挑战，有研究显示，高层管理人员严重低估了CSR对企业的影响，这有可能是因为他们更具理性思维。因此，战略规划中涉及人类行为和选择的部分，应该凸显其中的心理因素和逻辑因素。关于 CSR 项目，确实有充分证据显示“做善事”能够“得善果”。

第二方面的工作，是企业既要宣传企业贡献慈善事业、担负社会责任的活动，又要避免给人留下自吹自擂、自以为是的印象。研究发现，如果企业希望告知消费者自己的慈善行为，那么直白的广告宣传并不是最佳方式，第三方的信息来源更能让消费者相信企业行为出自一片善心。因此，社交媒体与公关活动是不二之选。

如果企业高管仍不信服，那么你可以提醒他们 CSR 项目的另外一个好处：顾客忠诚度。研究表明，了解企业 CSR 活动的消费者不仅对品牌的忠诚度更高，对于价格上升的敏感度也更低，在品牌遭到批判的时候，也更有可能站出来维护。

对于纳税计划错综复杂的企业来说，最后一点别有深意。公平正当的纳税行为不仅是承担社会责任的表现，而且益处多多，比如顾客忠诚度的提升、对产品提价的认可等，而且这些好处也难以通过其他方式获得。因此，这里又引发了另一个有趣的问题：如果企业没有慷慨纳税，那么消费者对其产品的好感度是不是就会降低呢？且听下回分解。

▼ 18　知恩图报的益处

之前的几章中有证据充分显示，当一方给予他人礼品或者服务等恩惠时，接受者会感到有必要回报对方。这个恩惠可能是一些实用信息，也可能是帮同事一个小忙，小至便利贴上的一点儿心思，大至让国家声名响彻全球的举动，总之接受了恩惠，你就有社交义务去偿还。然而，时过境迁，这些恩惠的影响力会发生什么变化呢？是像面包一样，随着时间流逝发馊发霉？还是像美酒一样越陈越香？研究人员弗朗西斯·弗林认为，问题的答案取决于你是恩惠的赠予者还是接受者。

弗林针对美国某大型航空公司客服部门的员工进行了问卷调查。这个部门时常出现替班的需求，同事之间需要互相帮忙。弗林让参与调查的半数员工回想自己曾经给予他人的一次替班恩惠，然后让另外一半员工回想自己曾经接受过的替班恩惠。所有员工都需要说明自己对“替班”恩惠的感知价值，并说明接受这一恩惠的时间。调查显示，作为恩惠的接受者，得到恩惠当下对其感知价值较高，随着时间推移，感知价值会降低；作为恩惠的赠予者，效果则恰恰相反，他在给予恩惠的当下对其感知价值较低，随着时间推移，感知价值会升高。

这其中的原因可能是随着时间流逝，人们对事件的记忆也会扭曲。大家往往倾向于美化自己，所以在恩惠接受者的记忆中，当时他可能也不一定需要对方的帮助；而在恩惠赠予者的记忆中，当时帮忙可真是花了大力气呀。

这些调查结果对于职场内外说服他人都具有重要意义。如果你帮助了同事或者熟人，那么他们回报你的意愿自然是在当下最强烈，之后会逐步减退。如果你得到了他人的帮助，那么你一定要记得，人处于这个位置的时候，容易随着时间流逝淡化受到恩惠的记忆。日复一日，年复一年，当你不再清晰记得他人给予的恩惠，你与对方的关系很可能会走向破裂。如果是你帮助了别人，那么这个不知报恩的家伙很可能就成了你心头的一根刺。既然恩惠的价值在接受者的眼中可能会逐渐降低，有没有什么方法可以把这个价值最大化呢？当你给予他人恩惠的时候，可以凸显这个恩惠的价值，告诉对方你很愿意帮忙，因为你相信“如果你我位置对调，那么我相信你也会帮我一把”。

另外一个方法略有风险，那就是重申你过去帮助过对方的价值，然后再提出要求。当然，采用这种策略要谨慎措辞。如果你说：“记得几个星期前我帮了你大忙吧？现在是时候报答我了。”那估计是得不到回报了。委婉地提醒对方，“上次给你发的报告有用吗？”，也许会为你接下来的请求铺平道路。

世上没有能够影响他人的万全之策，但是理解这些影响恩惠价值的因素有益无害。即便各种方法都行不通，你只需要记住互惠互利的一个简单原则——“苍蝇都知道蜜糖比醋好，所以想要得到更多的帮助，打开一瓶美酒比拿出一块馊面包有用得多。”

▼ 19　得寸，再进尺

假设你住在风景如画的高档小区，每家每户的树篱、草坪都是精修细剪过的，新刷的栅栏光洁白亮，房产代理从不担心这里的房子会卖不出去，甚至还有人排队等着买入。有一天，当地的道路交通安全委员会找上门来，问你是否同意将一块写着“谨慎驾驶”的宣传牌（1.8 米长,0.9 米宽）插到家门前的草坪上，以此作为对“经过小区请谨慎驾驶”的活动的支持；另外，他们还向你保证，工作人员会来挖插牌子的洞，不用你操心。那么，你是不是真的就不操心了？非也。

你觉得多少人会同意这样的请求呢？根据社会心理学家乔纳森·弗里德曼和斯科特·弗雷泽的实验，在上述情境中，只有 17% 的住户会同意这个要求。但是，在实验条件中增设一个小步骤，同意请求的住户比例竟然上升到了 76%。这个步骤是什么呢？它对于增强说服力又有什么启示呢？

在另外一个实验情形中，研究助理们提前两周到另一批住户家中，询问他们是否愿意在窗户上张贴一副面积很小的标识，上面写着“安全驾驶”。面对这个微不足道的要求，几乎所有的住户都答应了。两周之后，研究人员再次上门，提出了上文中那个更麻烦的请求，也就是将一个超大型的宣传板插到草坪上——这当然会影响美观，但是大部分的住户都同意了。

这个策略被研究人员称为“得寸进尺法”。为什么加上一个简单的步骤就能够大大增强说服力呢？研究显示，在研究人员第一次上门时，住户同意了他们的请求，之后便认定自己会支持安全驾驶这类有益的活动。当实验人员几周之后再提出请求，住户就更有动力与之前的行为保持一致，保持作为热心公民的自我定位。

其实，“得寸进尺法”的应用例子数不胜数，在销售领域尤为常见。一位敏锐的营销专家说过，“全线产品的推销要从小订单开始……这样看，当某人购买了一样产品，虽然利润很低，根本无法匹配你打电话的时间和精力，但这个人已经不再属于潜在消费人群，而是成了一个实实在在的客户。”

如果你无法确保可以完成一个小产品订单，那么这个方法还可以通过其他方式来实施。潜在消费者如果不愿意购买你的产品或服务，那么你可以先试探规模更小的一步，询问对方是否愿意尝试10分钟的试用服务。

同理，市场调研部门如果先要求消费者完成简短的问卷调查，之后再提出进行更详尽的调查时，那么消费者的参与程度会更高。弗里德曼和弗雷泽进行了另外一项实验，结果正好印证了这一设想。实验过程中，研究助理给住户们打电话，询问他们是否愿意参加一项调查，描述调查的具体信息如下：

> 调查时，会有 5 ～ 6 名工作人员选择某天早晨上门，大概需要 2 个小时清点并归类您的所有家庭用品。他们需要自由查看所有家庭空间，包括碗橱、储物间等。收集的信息将用于公共服务领域出版物《指南》的报告中。

面对这个麻烦重重的请求，有 22% 的受访住户同意了——其实这个数字还挺惊人的，毕竟这种登门入户的行为一般是需要搜查证才能进行呀！

研究人员也给另一组住户打了电话，但是分为前后两次。第一次致电时信息如下：

> 我们想询问一下，您是否愿意回答几个问题，主要是了解您使用的家庭用品。收集的信息将会用于公共服务领域出版物《指南》的报告中。您是否愿意为我们的调查提供这类信息呢？

绝大部分的受访住户都接受了这一请求。

3 天之后，当研究人员再次致电，提出了上文中那个麻烦重重的请求时，竟然有 53% 的住户同意了。

这一策略同样适用于你生活中的两位“大敌”——孩子和你自己。孩子叛逆不听话，他们总能找到借口不做作业、不打扫房间。这个时候，你先提出一些简单的小要求，比如在你的陪同下先做作业。当他们觉得自己出于自愿答应了这些小要求，而不是被强迫答应，这种心态就会促使他们做出更大的改变，收获学业上的进步，以及更整洁的生活空间。

那么对自己呢？拿健身举例，你一开始不要给自己设定过于宏大、难以实现的目标，而是要从最小的要求做起，小到没有借口逃避——譬如绕着小区走一圈。最终你会发现，你已逐渐能接受给自己制定更高的健身目标。老子曾说，“千里之行，始于足下。”现在就从沙发上起来，也许就是你迈步向前冲的开始。

▼ 20　先给对方贴个标签

很久很久以前，在某个遥远的星系，银河帝国邪恶的军事领袖达斯·维达被年轻人卢克·天行者说服，他违逆了邪恶的皇帝，救了卢克性命，重振星系和平与希望。卢克用到了什么社会影响力的原则，最终使得达斯·维达顺从其意？这能否帮助你找到自己行业中的“原力”（无处不在的超自然神秘力量）？

《星球大战》正传三部曲之三《绝地归来》中有一幕，卢克·天行者面对达斯·维达说道：“我知道你心中仍有正义。你心中的正义，我感受得到。”难道就是这些简单的话说服了维达，或者至少在他心中种下了种子，让他最终弃“暗”投“明”？社会心理学研究给出了肯定的答案。

这些字词所体现的策略叫作“标签法”，就是将某一特质、态度、信念或者其他标签标记在某一个人身上，然后对这个人提出与标签相符的请求。研究人员爱丽丝·蒂博特与理查德·亚尔奇通过实验调查，发现这一策略有效地提升了选举日当天选民的参与率。他们首先访问了一大批选民，并随机选择了 1/2 的选民，告诉他们，根据他们的表现，他们被归类为“优良公民，相较于一般公民更有可能会参与投票等政治活动中”。另外，1/2 的受访选民被告知，他们在兴趣、信念和行为方面接近公民的平均水平。被标记为“优良公民”的受访者不仅认为自己比另一半的受访者更优秀，而且在一个星期之后举行的选举中，参与率也比另一组的受访者高出 15%。

“标签法”当然不仅仅适用于领导竞选或者星战中明暗对抗等政治领域。在商业谈判以及其他交往中，这个方法也能大显神通。假设你的工作团队中，某个同事正在为其负责的项目焦头烂额；也许面对项目要求，他对自己的能力失去了信心。如果你仍然相信他足以胜任项目的管理，那么一个有效的方法就是提醒对方，他具有勤奋刻苦、百折不挠的品质；最好还能回顾一下过往事例，说明他在类似的情境中如何迎难而上、大获成功。老师、教练、家长也可以利用“标签法”，让孩子知道他们是可以应对挑战的好苗子，从而塑造出孩子优良的品行。这个策略对于成人与孩子一样有效。一项研究发现，当老师告诉孩子们，他们看起来非常重视自己的字好不好看，结果这些孩子真的会花更多的时间练字，而且他们不知道周围有人在观察他们。

企业与客户的关系也可以通过这一方法得到增强。许多航空公司其实都利用了这个原则，回想你很熟悉的场景：当航班即将结束的时候，乘务员领班会告知乘客：“诚挚感谢您在众多选择中，选择了我们。”这位领班利用了“标签法”的变体，委婉地提醒乘客，在众多航空公司中，你选中了这家，必定有原因。这里通过标记乘客对该航空公司有信心，使得乘客认定了自己的这个想法，对自己的选择（航空公司）更加信任。同样，你也可以利用这一技巧提醒客户，他们决定与你方公司合作彰显了对公司和个人的信任，你深表感谢，也将不负期待。

还有很多研究显示，有时候无须主动给别人打上积极的标签，你只需要引导对方肯定自己的某些品质。研究人员桑·博尔坎以及彼得·安德森发现，首先询问人们“你认为自己乐于助人吗”，然后再提出帮忙的请求，对方同意的概率竟然是77%；而没有事先询问的那一组中，同意的概率仅仅为29%。

当然，掌握这个方法也面临陷入“黑暗帝国”的诱惑，但正如其他影响力方法论一样，应该合理、正义地使用这个策略，特质、态度、信念等标签，都应该与他人自身的能力、经历与性格相适应。而且，我们知道你也没对这个方法动什么歪脑筋，因为，我们能够感受到你心中的正义。

▼ 21　鼓励对方做出承诺

每位政界人士都会肯定地告诉你，在选举期间，所有候选人都面临着巨大的压力，他们不仅要想方设法让选民信服自己的能力，还要确保选民按时参加投票。在美国，有些候选人选择斥巨资做电视广告、发送邮件、出席各类媒体活动，然而，真正通时达务的候选人（往往也是最后的赢家）不仅能利用说服力的艺术，而且能稳稳地驾驭说服力背后的科学原理。

2000 年的美国总统选举正是鲜明一例。那年选举的结果只有 537 票的微弱差距，这充分显示出每张选票的分量。因此，任何一方的投票率哪怕只有轻微上升，都足以影响选举结果。那么，当时到底有什么简单的策略能够让选民参与投票呢？

答案就是去询问潜在的选民，让他们预测自己是否会在选举日参与投票，并给出原因。社会科学家安东尼·格林沃尔德及其同事在多个选举前夕做了这个实验，在被要求做出预测的选民中，投票率为 86.7%，而在未被要求做出预测的选民中，投票率仅为 61.5%，两者有 25% 的差距！

这一策略包含了两个重要的心理因素。第一，当人们需要预测自己是否会参与到符合社会期待的行为中，为了获得社会认可，他们不得不做出肯定的回答。整个社会已经将选举这件事摆在了十分重要的位置，大家估计很难开得了口，说自己只打算待在家里，看看跟公民责任相关的电视节目。因此，在上述的研究中，所有被要求做出预测的受访者都表示会参与投票。第二，当大部分人（有一些人可能真的就说自己要待在家）公开表示自己会执行符合社会期待的行为，这样他们履行承诺的动力就更强。一家餐馆的老板告诉接待员，有客人打电话预订座位时，不要说“需要取消预约时请致电说明”，而是换成“如果你要取消预约，那么能否致电说明”。这个转变使得餐厅的“爽约”现象（即打电话订位之后没有赴约，也没有取消预约）大大减少，爽约率从30%下降到10%。当接待员询问“能否致电说明时”，所有人都会说“是”，继而做出了承诺；更关键的一点是，他们会感到有必要遵循约定，在无法赴约时打个电话说明情况。

因此，候选人呼吁支持者去投票时，可以让志愿者询问这些自称“支持者”的民众是否会参加投票活动，并希望他们做出承诺。如果志愿者们补充一句，“好的，那我们会记录你的‘一票’支持，我们也会把你的选择告诉大家”，那么，这个过程中就有三大要素基本能够确保这个支持者最后履行承诺：自愿，主动，公开。

此外，这个研究发现在职场和社交中又有什么应用呢？假设你最支持的非营利组织将会举办慈善跑步活动，你有参加的意愿，又觉得如果筹不到很多钱就没有报名的必要，那么你可以问问家人、朋友和同事愿不愿意捐款，这样你就能了解到他们对你的参与是否支持。另外，如果你真的参与了活动，那么也增加了他们捐款的可能性。

再举一例。假设你是某个团队的负责人，在面对新项目的时候，你发现口头的支持还不够，项目的成功更依赖于各位成员将语言转化为具体的行动。这个时候，与其向团队成员解释完成项目带来的好处，不如询问他们是否愿意支持项目，并且希望他们做出肯定回应。如果达成了共识，你就可以要求他们描述支持新项目的原因。

无论你是什么身份——经理、老师、销售、政客、募捐者等，只要能用上这个策略，你就能为自己多赢得一票——大家对你的工作表示信任的一票。

▼ 22 写下自己的目标

安利集团是美国盈利额最高的直销企业之一，在其激励销售人员勇创新高的举措中提出了如下建议：

在开始前的最后一点提示：设定目标，写下目标。无论这个目标是什么，最重要的是你要设定一个目标，这样就有了努力的方向。记得一定要把它写下来，笔下有着神奇的力量。设定目标，写下目标。实现了那个目标，再写下新的目标，你的未来一定会越来越好。

写下目标能提升履行承诺的投入程度，即使不公开也有同样效果，这是为什么呢？

简单来说，主动承诺比被动承诺具有更持久的影响。社会科学家迪莉娅·乔菲与兰迪·加纳在一项研究中发现了主动承诺的重大影响与微妙之处。在实验中，研究人员招募大学生志愿者参与当地学校艾滋病教育项目。大学生被分为两组，分别获得不同的指示。第一组大学生获得了主动性指示——如果他们希望成为志愿者，就要填写表格信息，明确表示自己的参与意愿；另外一组大学生则获得了被动性指示——如果他们希望成为志愿者，那么只需在表格中“不参与”的信息栏留空即可。

研究人员发现，指示信息的主动性与被动性并不影响大学生的参与意愿。然而，几天之后，两组之中真正参与志愿活动的人数比例却大相径庭。在获得被动性指示信息的组别中，履行承诺出席志愿活动的比例仅为 17%。那么，主动性指示的组别情况如何？结果，49% 的参与者履行了承诺。换言之，在最终出席志愿活动的所有参与者中，绝大多数（74%）都在当初主动承诺要参与这一项目。

为什么书面承诺（即主动承诺）在提升参与率方面更有成效？人们通过观察自身行为对自己做出判断，对自己的预期更多地来自自身的行动因素，而非“非行动”因素。乔菲与加纳的研究也印证了这一点：当一个人做出主动承诺时，他倾向于认为是他本身的性格、爱好、理想等让自己做出了这个决定，被动承诺的组别中这样的想法并不明显。

主动承诺会如何影响到你尝试做的事情呢？在西方传统中，新年伊始，许多人都会做出一些承诺，即“新年目标”。新年目标不应该只是想想而已，你还要把自己的新年愿望写下来，详细描述自己承诺做出的改变，罗列实现目标的具体步骤，这样效果将大不相同。而且，如果你还告诉了朋友和家人这些书面的承诺，那么效果又会进一步增强。

如果你是一名销售经理，就可以要求销售团队的成员写下目标，增强他们履行承诺的动力，并最终提升每一个成员的目标底线。同理，在各种会议中，与会成员如果能够就会议中达成的一致意见分别写下个人的行动规划并与大家分享，也会带来不一样的效果。

零售行业中的一个现象更加有力地说明了写下承诺信息所蕴含的能量。现在很多商店都会给顾客提供分期付款服务，只要顾客注册了商店的积分卡或者购买某些金融产品，就可以选择在数月至数年不等的时间内付清货款。这类商家发现，自己填写申请表的客户，相较于销售人员代为填写的客户，最后取消合约的可能性更小。这些数据说明，在你与客户或者商业伙伴合作时，各利益相关方如果能够积极地参与到商业协议的签订中，就将大大有利于合作的顺利开展。

主动承诺策略在医疗卫生领域也大有可为。近年来，很多医疗服务机构发现越来越多的患者没有按照预约的时间就诊。在英国，2014 年全科医生门诊有 1200 万失约人次、医院门诊有 700 万失约人次，这对英国国家医疗服务体系（NHS）造成了巨大的经济损失以及医疗资源损失。

那么，主动承诺策略是否能够减轻这个问题呢？

当患者进行预约的时候，可能是例行检查，也可能是重大手术，一般是医疗机构的接待员或者管理员把预约的日期和时间段记录在小卡片上。这个惯例意味着患者在预约的过程中处于被动状态。让患者自己填写卡片上的信息理应成为有效降低失约率的低成本策略[①]。

最后一点，与本书中很多策略类似，主动承诺也可以应用于生活之中，让他人更好地完成你的请求。面对孩子、邻居、朋友、伴侣、甚至是我们自己，让对方写下自己的承诺，这看似微不足道，实则蕴含了强大的心理暗示。那些初衷无限美好、到头来却没有实现的许诺，只需要这一个小小的改变可能就会兑现。

---

① 由“影响力在行动”团队主导，与 NHS 贝德福德分部进行合作，检验了这一想法。实验中通过鼓励主动参与，让患者自己填写预约信息，使失约率减少了 18.4%。

▼ 23　展望远景，弱化当前任务，以实现多重目标

让他人答应自己的请求可能并不难，尤其是请求别人在将来做某些事，而非现在。当你让某人几周之后给你帮个忙，对方大概立马就答应了；如果是今天就要对方帮忙，那么他可能不会这么爽快。我们时常听到这样的话，“当然。下个月不成问题呀”。不过，大家说这句话的时候总会忘记，目前看起来有很多空档的下个月，很快就要变样了。一个月之后，你可能要花费一番力气才能说服对方履行当初帮忙的承诺（或者想起自己当初的承诺）。

上一章中我们提出，要求对方做出主动承诺能够有效提升履行承诺的积极性。还有一个让人们记住承诺、履行承诺的方法就是，在一个人提出请求的时候，同时让他提出具体的计划，说明履行承诺的时间、地点与方式。做出承诺和履行承诺应相距时间较长，这点尤为关键。这一策略又被研究说服力的科学家称为“执行意愿”计划，确实效果不凡。

哈佛大学肯尼迪政府学院的研究人员托德·罗杰斯与戴维·尼

克森进行了一项实验，针对某一组选民，他们询问对方是否计划参加即将到来的投票活动。如果回答为肯定，那么再询问对方在投票当天如何到达投票站；而针对其他组别的选民，他们只是询问是否参加投票。在几周后的选举投票日，第一组选民的投票率比其他组别高出 4%~9% 不等。

所以，如果希望人们履行承诺，尤其是在一段时间之后执行，就要让对方说出自己的具体计划；换言之，要让对方产生“执行意愿”。那么，如果人们有多重目标需要实现，而不是上文中的单一目标，那么这个策略还有效吗？

确实有点儿困难。市场营销专家史蒂芬·斯蒂勒和艾米·道尔顿发现，针对单一目标创造“执行意愿”行之有效；但出现多个目标时，这个策略带来的后果却不堪设想。面对多重目标的制定，执行计划时往往会凸显两个问题：第一，多个目标同时存在，在多个计划之间周旋往往令人压力倍增；第二，各个目标之间可能存在冲突。

如果你身处商界，时常需要说服他人或者团队完成多重目标，甚至是有所冲突的目标，那么该如何面对这样的挑战呢？根据研究，斯蒂勒和道尔顿提出了两个建议。

第一，鼓励对方认识到看似无关的目标其实有助于他们实现更宏大的前景。例如，管理层或领导者应该让各个团队在会议中发掘并讨论多重目标之间的协同效应，而不是关注目标之间的冲突。

第二，提出多重目标的时候，通过凸显更棘手的问题，可以弱化当前执行任务的难度，也就是为当前的目标设立有利的对比条件。

斯蒂勒和道尔顿利用实验印证了这一方法的有效性。在他们的研究中，参与者被分配了6项任务，在为每项任务制订执行计划之前，部分参与者被告知其他人被分配了更多的任务（10项），这部分参与者最后完成任务的概率明显较高。看来，当人们知道周围同事还要面对更繁杂的工作时，就会觉得自己要应对的这几个目标也不过如此，因此更加从容。

这个发现引出了更有意思的猜想。那些乐此不疲、天天嚷嚷自己很忙的同事，他们可能有点儿烦人，但说不定还真给你帮了点儿忙，在不经意之间，让你奋力攻克任务清单。不过前提是你的任务确实比他们少，而不是他们在瞎嚷嚷。

▼ 24　保持产品与消费者价值观及行为模式的一致性

奥斯卡·王尔德说过，“保持一致是毫无创意之人最后的慰藉。”同样，拉尔夫·沃尔多·爱默生也轻蔑地说道：“头脑简单的人才会愚昧地迷信一致性。”还有，阿道斯·赫胥黎也说过：“只有死去的人才能永保一致。”不过这些言论都是三位著名作家年轻气盛时的言论，并非其晚年时期的“智语”。那么一致性对于影响力来说又有何意义呢？

我们先不讨论这些作家的观点由何而来，在之前我们讨论过，人们一般会希望自己的行为与自己一直以来的人生态度、言谈举止以及价值观相一致。但是，年纪增长与此又有何关系呢？研究员史蒂芬妮·布朗牵头了一项实验，她的同事以及本书作者之一也参与其中。研究发现，随着年纪增长，人们越来越看重一致性。这可能是因为非一致性会引发一个人的负面情绪，随着年岁渐长，人们往往更加注重避免产生负面情绪的行为。

这个发现对于如何影响年纪稍长的人群具有重要意义。假设你的公司正在推出一系列针对中老年人的新产品。根据上述研究，这部分人群相较于其他年龄层对于变化的抵触情绪更明显，因为接受变化会使他们觉得自己背离了之前的言行。在这种情况下，你所要做的应该是在产品的推广信息中指明，购买并使用这一产品与消费者以往的价值观、信念和行为仍然一致。同理，这个策略也可应用在其他领域，譬如说服工作团队中的长者使用新系统，或者让年迈的父母按时吃药。

但是，仅仅告诉他们，你提倡的新选择与其价值观、信念和行为一致，他们就会轻而易举地放弃以往的选择吗？在他们看来，由始至终保持言行一致是好事。如果一个人出尔反尔、反复无常、说风就是雨，那么不难想象同这样的人打交道有多糟心。

当我们面对极其看重一致性的人群，除了要指明新的选择不但与以往的选择一脉相承，还有一点也很重要，那就是进一步提升说服力的信息，不仅要让对方从以往的选择中走出来，还要避免将其以往的选择视为错误。最为有效的方法就是肯定对方之前的选择，并将其描述为当时最合理的选择。之前的选择，对方已经根据相应的证据与信息做出了正确的选择，并由此使对方将注意力放到新选择上，而不用担心自己没面子或是背离以往言行。

在“说服预备”阶段之后，下一个信息也要与对方的价值观、信念和行为相一致。画家作画之前要准备好画布，医生手术前要准备好医疗器材，球队教练在比赛前要给队员热身，说服力的展现也是如此。有时候，这种准备不仅仅是思考如何传递信息，还要注意之前获得的信息和反应。有一句这样的话，驾驭马匹的最佳方式就是要顺着它的前进方向。你只有先顺应了它的方向，才能够逐步将其带往你想要前进的方向。如果一上马就拽着它按照你的意思走，那么你很快就精疲力竭，说不定还会激怒马匹。

▼ 25　向讨厌你的人寻求帮助

本杰明·富兰克林出生于1706年，是著名的作家、政治家、外交家、科学家、出版商、哲学家和发明家。作为政治家，他提出了美利坚合众国的概念；作为外交家，他在美国独立战争期间争取到了美法结盟，促成了最终的胜利；作为科学家，他推动了电的发现与电学理论的创立；作为发明家，他发明了双光镜、汽车里程计以及避雷针等。不过，也许他最令人振奋的洞见是赢得对手尊重的方法——给对方增添一些不便，这可是千真万确。

富兰克林在宾夕法尼亚立法机构工作期间，有一位立法人员总是与富兰克林的政治立场针锋相对、敌意相向，这让他十分苦恼。不过，富兰克林后来不仅赢得了对方的尊重，两人还成了朋友，他解释道：

> 我并没有卑躬屈膝讨好他，而是采用了另一个方法。听说他的藏书中有一本罕见而有趣的读本，于是我给他留言，表明自己希望细细研读一番此书，请求他帮个忙，借我几天。他马

上就把书送来了。一个星期之后，我还书时又写了留言，表达自己十分感谢他的帮助。当我们在议会中再次见面时，他主动上前跟我说话（这在以前从未发生过），而且彬彬有礼；至此之后，他总是在各种情况下表示愿意帮忙，我们也成了好友。

这又印证了我听过的一句老话，“已经给予你帮助的人比你帮助过的人，更愿意帮助你”。

多年之后，行为学研究人员乔恩·杰克与戴维·兰迪决定研究富兰克林的话到底对不对。在一项实验中，参与者首先通过一个比赛从实验人员处赢了一些钱；然后，实验人员询问了一组参与者，是否愿意把钱还回来，因为给出的是自己基金的钱，现在没剩多少了；还有一组参与者没有收到实验人员的请求。最后，所有参与者都要参加匿名调查，评估对实验人员的好感强弱。

富兰克林的策略听起来没什么道理，那么实验结果能证明他是对的吗？答案是肯定的。杰克与兰迪发现，第一组被请求帮忙的参与者对实验人员的好感程度确实高过另外一组。

为什么呢？我们从其他研究中获知，人们总是有强烈的动力去调整自己的态度，以保持与自身行为一致。那位政治对手给自己不喜欢的人帮了忙，他可能会觉得：“我自己为什么还费劲给不喜欢的人帮忙？也许富兰克林还真没那么坏吧。仔细想想，他好像也是有些可取之处……”

富兰克林的策略对许多情境中的人际关系都有借鉴意义。例如，很多人时常因为各种原因需要同事、邻居、朋友的帮助，但这些人可能也不是特别喜欢我们呀，这个时候很多人就退缩了，干脆没有开口，觉得让人帮了忙，对方会觉得你更讨厌了，因而就算有什么请求也是一推再推，手头可能实现的工作成果就化为了泡影。上述研究告诉我们，这种犹豫迟疑完全没必要！

向讨厌你的人提出帮助的请求，确实需要很大的勇气。但转念想想，如果你现在和这个人无法交流（或者一直都没有交流），那么你同样也是什么帮助都得不到啊。所以，你不妨开口问问，最差的情况也不过如此了。

▼ 26　主动和陌生人聊聊

旅行时候的你是什么样？你会争分夺秒地赶报告，或是闹中取静读一会儿书，还是在自己的世界中神游？

或者，你是一个自来熟的人，觉得每次出行都是结识陌生人的好机会？你会不断告诉自己，在同行的人中说不定就有你未来的贵人或者朋友吗？

如果你是第二类人，那么恭喜你！喜欢交谈的你很有可能具备极强的能力去打造人际关系，通过人际网络拓展自己的影响力。如果你和大多数人一样属于第一类，总是沉浸在自己的世界中，那么你可要看好了：研究表明，主动结识他人的益处数不胜数。如果你想扩大自己的社交圈，为自己创造更多机会，那么答案显而易见——要多跟人聊天！

当然，在公共交通工具上不主动和陌生人聊天有很多原因，其中重要的一点就是某些社交礼仪默认在这类场合不应该进行互动。伦敦地铁上，保持安静简直被奉为圭臬。

尽管我们有很多原因不愿意与陌生人交流，但是芝加哥大学布斯商学院的尼古拉斯·艾普利与朱莉安娜·舒尔德尔提出了实验证据，指明了与陌生人谈话益处多多。

在其中一项实验中，研究人员在某天早上去车站随机寻找独自上班的人，而且特意挑选了每条线路的首发站，这样上车时车厢一般都比较空，人们有机会选择自己独坐一角，远离同车的人群。研究人员要求部分实验参与者在上班途中主动和同行的陌生人交谈，挖掘他们的趣事，然后再说一些自己的趣事。同时，研究人员又要求另一部分实验参与者自己坐，享受独处的感觉。所有参与者在行程结束之后都要填写一份问卷。

在火车站、公交车站、机场候机厅等各不相同的情境中，问卷调查得出的模式如出一辙。在实验参与者中，被要求与陌生人展开对话的人对出行的过程评价更高，他们展开对话的平均时长为 14 分钟左右，而且觉得这个经历很开心。这个结果与某些实验参与者的预期形成了鲜明对比。部分参与者预测，如果与陌生人展开对话，那么他们很可能会觉得不开心。有人甚至表示，尝试与陌生的同行乘客交谈很有可能遭遇社交被拒的情况。但是，实验中有 118 位参与者与陌生人展开对话，没有一个人被回绝。

这种情况看起来倒是不错，但有人希望利用早上乘车上班的时间查查邮件、看看报告，为当天的工作做好准备，那又怎么说？研究人员确实考虑到了这一点，但是实验结果发现，跟同行乘客谈话对上班族的工作效率并没有显著影响。

大家在上班的路上工作，其实并没有自己想象中那么高效吗？这一点还不确定，但可以确定的是，和陌生人展开谈话的参与者事后并不认为他们浪费了这趟有“高产潜力”的行程。

所以，下一次搭乘汽车、火车或者飞机的时候，如果你想结识更多朋友、拓展关系网络、增强自身影响，那么就放下手机、材料，关上电子书、电脑，抬头看看身边的人，对他说一句“你好”。这一策略广泛适用于更为传统的交际场合，例如大型会议、销售会展等。在这些场合中，如果公司员工因为害怕被拒绝，就只等着潜在客户自己主动找上门谈合作，那损失可就大了。上述研究显示，因主动与人攀谈而被拒的情况少之又少，前提是在接触的前几分钟内，对话内容主要以相互了解为主。

上述策略不仅会增加个人的愉悦感，而且也有重要的经济意义。20 世纪 90 年代，知名市场营销公司 AMV–BBDO 为英国电信打造了最为经典的宣传广告。据称，这一广告宣传为其营收增长立下汗马功劳，带来了 5 亿美元营收增幅。这个广告宣传的核心信息是什么呢?

“聊天真好！”

▼ 27 “一分钱也能帮上大忙”的策略

“浓缩的都是精华”——第一个说出这句话的人应该是个小个子。不过无论他是谁，这个人绝对是掌握了“小身材，大能量”的道理。

本书中我们已经提出了很多依据，力证可以通过卓有成效又合乎伦理的方式说服他人。但是，在某些情况或者环境中，人们面对合理的请求也会说“不”。而且，了解其背后的原因十分重要，例如，人们为什么会拒绝向正规慈善组织捐款的请求。

本书的一位作者与另外几名研究人员尝试去了解这一点。在我们看来，当人们被迫进行捐款时，即便本身愿意支持慈善事业的人可能也会拒绝请求，因为如果他们没有能力捐赠很多钱，就会认为自己力所能及的一点儿钱也帮不上什么忙，于是作罢。基于这一推理，让这类人群捐款的办法就是告诉他们，即便少之又少的一点儿钱也能发挥作用。

为了验证这个设想，研究助理挨家挨户上门，为美国癌症协会提出捐款请求。研究助理先介绍自己的工作身份，然后询问对方：

“请问您是否愿意捐款呢？”不过这仅仅是针对一半的受访者。而对另一半受访者，研究助理说完前面的话之后，还会加上一句：“一分钱也能帮上大忙。”分析调查结果之后，我们发现这看似不值钱的“一分一毫”的说服力还真是四两拨千斤。“一分钱也能帮上大忙”的受访者比前一组的捐款率高出将近一倍（50% ： 28.6%），验证了我们前期的设想。

简单来说，这个研究就是指出，如果你想得到他人的帮助，那么告诉对方，他出一点儿力也能起到作用，这会有效提升对方帮忙的意愿。但是，这个策略会不会适得其反呢？虽然试验中愿意捐款的人数增加了一倍，但是他们捐款的数额会不会受到影响，捐得比平时少？为了检测是否存在这一风险，我们也分析了捐款的数额，发现两组捐款人的平均数值并没有显著差距。也就是说，无论从捐款人数角度出发，抑或是从捐款总额角度出发，采用“一分钱也能帮上大忙”的策略都比一般的请求更为有效。另一项研究的数据显示，每 100 位受访者中，在使用“一分钱也能帮上大忙”策略的受访者中共筹集 72 美元；在没有使用该策略的半数受访者中，筹资共 44 美元。

这个“一分钱也能帮上大忙”的策略在职场上也用处多多。面对社区工作项目中的同事，说一句“一个小时也能帮上忙呢”；面对字迹“龙飞凤舞”的同事，说一句“更清晰一点儿会更好呀”；面对需求未明但事务缠身的潜在客户，说一句“先跟我们打一个电话好吗”——这些前进的步伐看似无足轻重，然而，只要你朝着正确的方向前进，小小的步子也会发挥大大的作用。

▼ 28　低价起拍，收益更高

小甜甜布兰妮嚼过的口香糖，蓝精灵爸爸纪念款圆盘，用坏了的激光笔，这些商品告诉我们怎样才能在激烈的竞价过程中更好地销售产品和服务。仔细看看 eBay 网（ebay.com）上人们如何交易自己的“宝贝”，或许能给你带来不少启发。

这个网站由易贝公司运营管理，是一个大型在线竞拍、在线购物网站，全球范围内，不管是个人还是企业都可以在上面买卖产品和服务。1995 年，计算机程序员皮埃尔·奥米迪亚创建了这个网站，当时他还在经营一家咨询公司，名为“Echo Bay 技术集团”。当他想要去注册 echobay.com 这个域名时，发现已被同名的矿业公司抢先一步，他只好把名字简化一下，ebay.com 应运而生。eBay 网站出现的第一个商品是奥米迪亚用坏的激光笔，标价为 14.83 美元。他自己都不敢相信真的有人愿意买这个东西，于是联系了竞拍成功的买家，看看对方是不是真的理解这是一支坏掉的激光笔。之后，买家给他回了邮件：“我喜欢收集坏掉的激光笔。”

2012 年，eBay 网销售额高达 140 亿美元，只要你能想到的，

eBay 网上就买得到，甚至还有你想不到的。最原始的“好莱坞”标识，以及英法海底隧道建设中使用过的一台钻探机，都在该网站上拍卖成功。美国亚利桑那州的一名男子以 5.5 美元的价格卖出了自己宝贵的“空气吉他”，而且他也告诉竞拍人，“空气吉他”其实没有实物。2015 年，英国某位电台 DJ 在广播节目中和一位美女模特打情骂俏，他的妻子发现之后怒不可遏，于是就以 0.5 英镑的“大促”价格在 eBay 网上挂出丈夫心爱的莲花精灵跑车——5 分钟之后，车子被卖出。显然，eBay 网的商业模式十分成功，其基础就是网上拍卖。其实很多企业都利用了相似的模式，通过在线竞拍的程序和系统来吸引买家、挑选卖家。因为网上的竞拍过程与商业竞标过程在本质上十分相似，观察 eBay 网等网站上的卖家如何卖出自己的商品，对于管理公司的竞标工作十分有利。

行为科学家吉莉安·古及其同事认为，当商品的起拍价高，与起拍价较低的情况相比，潜在买家会认为商品的价值更高。但是，感知价值较高，起拍价较高，是不是意味着最后成交价格也更高呢？研究人员认为，起拍价较低更有可能带来更高的成交价，主要有三个原因：

第一，在拍卖中，起拍价就是一种“准入门槛”，起拍价较低，有利于鼓励更多人参与竞拍。第二，因为起拍价较低而带来的点击量（体现在出价次数以及竞拍人数上）成为潜在竞拍者所获取的社会认同信息。换言之，潜在的竞拍者看到起拍价较低的商品有那么多人在竞拍，就会认为这个商品必定很有价值，从而更有可能参与到竞拍过程中。第三，从低价阶段就参加了竞拍的人，尤其是最早竞拍的人，往往会花上更多的时间与精力加价竞争，因为他们已经在这个过程中花费了时间与精力，所以就更加执着于要把东西买下来，多花点儿钱、多花点儿时间，希望最终不枉付出。

上述研究说明，如果你想通过竞拍的过程卖出产品或服务，那么设立较低的起拍价更有利于获得较高的成交价。但是，有一点需要注意：研究发现，社会认同信息是实现上述高收益结果的关键因素。如果某个商品的点击量有限（例如，你在 eBay 网上挂出商品时输错了名称，希望购买这类商品的买家就很难搜到购买页面），那么设立较低的起拍价也就没有什么作用了。如果很多人都想买这个商品，竞拍很热闹，那么“低起价高收益”的效应才最为显著。如果只有两个人在竞拍，那就另当别论了。

这个小窍门也许不会让你公司里的小商品获得上百万的额外收益，也无法让你家里的祖传针线包卖出天价，但至少能让你多挣点儿小钱，买个“空气吉他”绰绰有余呢。

▼ 29　让第三方为你“代言”

如果你跟大多数人一样，那么当你是某个领域的专家，你肯定希望全世界都知道这件事。但是，就算你在某个话题上有成为“权威人士”的资质，也会有个困局横亘眼前——当你试图表达自己的高见，希望赢得大家的敬佩时，这在别人看来就是“自高自大，自卖自夸”，于是，大家都不太喜欢你，也就不太愿意采用你的意见。我们先不讨论厚着脸皮毛遂自荐的情况，让我们看看真正的专家会怎么做呢？

方法之一就是让别人为你“代言”。多年来，演讲者、作家、演员等各种需要在公共场合传递信息的人都采用了这个方法。让他人描述你的专业经验与资质，受众更容易信服，他们会更愿意倾听你所谈的内容，这也会帮助你避免自吹自擂带来的危害。在理想的情况中，这个介绍人应该是发自内心佩服你的技能与专业，诚心诚意主动宣传你的睿智，相信你能够让世界更美好。如果找不到这样的人，那你就要花钱请人承担这个角色。

大力褒扬你的主持人其实是付费的？这还能让人相信吗？别

担心，人们都有一个常见倾向，社会心理学家称之为“基本归因错误”，即当观察他人行为时，大家往往不会充分考虑情境因素（例如金钱）对行为的影响。

本书的一位作者参与了首席研究员杰弗里·菲弗和其他两位同事主持的一系列研究，我们认为，人们确实没有对情境因素进行充分的考量，因此，付费邀请第三方公开肯定你的能力，这一做法仍然十分具有说服力。在其中一项研究中，参与者需要设想自己为某出版商的资深编辑，同一位经验丰富、成果显赫的作家打交道。这些“编辑”需要阅读一段谈话，内容涉及新书的预付版税问题。其中一组“编辑”阅读的文本是作家的经纪人赞扬其成就，而另一组“编辑”阅读的是作家自己谈及个人成就，内容与前一组完全一致。最终的数据分析验证了我们的猜想：第一组参与者对作家各个方面的评价较高——尤其是对作家的好感更强烈。

这一研究证实，让专业的第三方为你代言，更能有效树立你的专业形象。（如果条件允许，那么，让第三方代你就合同条约以及酬劳等进行谈判也更为有利）我们建议，当你要向不太熟悉自己的受众发表讲话时，也应该邀请第三方对你进行介绍。最为有效的做法就是准备简短的个人履历介绍，不需要冗长详尽，只需要包含你的个人背景、学术经历或者培训经历，总之就是能简明扼要地指出你在某一话题上特别有发言权。当然，你也可以适当加入你在专业领域上的重要业绩。

本书的一位作者曾与一家房地产中介机构合作，见证了这一策略在实际工作中产生了极为高效的影响。这家机构既有房产销售部门也有房产租赁部门，也就是说，当客户来电时，往往会先由前台接线员与其通话，询问客户需要接入哪个部门。接线员一般会说，“噢，房屋租赁，您需要和桑德拉谈谈”，或者“您需要联系销售部门，我现在帮您转接皮特”。

在我方的提议之下，接线员会在介绍同事的时候加上个人资质信息，也就是说，他们不仅会告诉客户转接同事的名字，还会补充一些这位同事的专业经历。例如，当客户需要询问租赁方面的详细信息，接线员会说：“噢，房屋租赁，您需要和桑德拉谈谈，她在本地区的房产租赁领域工作超过 15 年了。我现在就帮您转接。”同样，需要询问房地产销售信息的客户会得到类似的回应：“我马上帮您转接皮特，他是销售部主管，他的房地产销售经验超过 20 年了。最近，他刚刚经手了您附近一处房产的销售呢。”

接线员传递的信息发生了变化，有 4 点需要注意：第一，接线员告诉客户的信息完全属实，桑德拉确实有 15 年的租赁经验，皮特也确实是十分出色的销售人员。但是，如果桑德拉或者皮特自己去告诉客户这些信息，听起来就很像是花哨的吹嘘，也就不太具有说服力；第二，增加的介绍信息由桑德拉和皮特的同事传递，他们的利益密切相连，但是这不会影响信息的说服力；第三，这一转变带来的影响尤为显著，对比之前没有介绍信息的时候，桑德拉、皮特以及他们的同事纷纷表示介绍信息之后的客户预约量显著上升；第四，这一转变几乎没有增加任何成本。在公司，大家都清楚彼此拥有丰富的经验和专业知识，然而，如果接线员不说，那么最重要的人——客户又怎么知道呢？

但是，让第三方为你代言的方法难以实施怎么办？有没有什么更微妙的方法来展示你的个人能力？当然有啊。有一次，一些医生助理告诉我们，有一些病人总是不听从要求去进行必要的康复锻炼，这让他们很无奈。他们一再强调锻炼的重要性，但病人就是不听劝告。我们去检查室看了一下，墙上一片空白，什么证书、资质证明都没有，着实让人大吃一惊。于是，我们建议助理们把自己的资格证书摆放在病人能看见的地方。然后，助理们发现，病人听从劝告的比例大大上升。这说明了什么？如果你想要说服别人，把你的学位证书、资格证明、获奖证书都展示出来！你辛苦获得的资质，自然也会为你赢得他人的信任。

▼ 30 谦虚使人进步

在酒吧里喝上几杯之后，很多人就会开始讲些匪夷所思的故事：

“那个超模没成名之前，我和她约会过。”好好好，你约会过。

“要不是怕伤了那家伙，早就把他打趴下了。”行行行，你能打。

“要不是得了拇囊炎，我当年早就踢进英格兰队了。”哎哟喂，你厉害。

1953 年 2 月，某个寒冷的夜晚，天气很不好，剑桥城的老鹰酒吧里走进了两位儒雅的男士，他们点了饮料之后，其中一位男士向其他的酒吧客人说出了一个可能最为荒诞自负的大话——但这一次还真的不是大话：“我们发现了生命的奥秘。”

这句话看似自负傲慢又不切实际，但确实是事实。当天早上，这两个人——科学家詹姆斯·沃森与弗兰西斯·克里克洞察到了生命的奥秘，他们发现了DNA的双螺旋结构，即载有基因信息的遗传物质。

这个成就可能是迄今为止科学史上最伟大的发现。在50周年庆典上，沃森参加了关于这一成就的访谈讨论。访谈主要是为了分析在沃森与克里克的工作中，什么因素使得他们抢在其他造诣颇深的科学家之前，首先解开了DNA结构的奥秘。

沃森首先罗列了一些基本的促成因素：他和克里克发现了至关重要的攻坚问题；两人都对这项工作抱有极大的热情，一心一意地投入到当时的研究中；他们还积极尝试了专业领域之外的方法。然后，沃森又提出了一个成功的原因，令人大跌眼镜。他表示，他们之所以能够最先解开DNA之谜，是因为在所有苦苦追寻这一答案的科学家中，他们并不是最厉害的。

没听错吧？怎么可能呢？沃森说，"有时候，当你认为自己无人能敌，只有自己才能做出最为英明的决策时，那么你很可能会陷入最大的危险之中。"这是真的吗？在所处的领域中成为拔尖的那个人真的潜藏着巨大的风险吗？

沃森在访谈中又解释道，当时DNA领域最厉害的科学家是英国的罗莎琳德·富兰克林，她住在巴黎。沃森说，"罗莎琳德才智过人，所以不太愿意倾听他人的意见。如果你是这个领域最聪明的人，那么你可要当心了。"

沃森的说法也许点明了为什么一些初衷良好的领导者会犯错误。无论是为客户设计营销策略，抑或是为家长和教师的同盟组织募捐活动，在各种工作中，作为组织的领导者，即使个人多么博闻强识、资历深厚，也一定要保证能与团队成员进行合作，朝着目标共同迈进。做不到这一点，最终可能是竹篮打水一场空。行为科学家帕特里克·劳克林及其同事通过研究发现，团队合作中的成果比个人独立进行工作的效果更好，即便是团队中能力顶尖的个人，其独立工作的效果也不如团队合作的成果。然而，在很多时候，团队的领导者觉得自己的经验、技能与才华胜人一筹，认为自己解决问题的能力也无可匹敌，因此总是不屑于听取其他团队成员的建议。

劳克林及其同事的实验告诉我们，“三个臭皮匠胜过一个诸葛亮”背后的道理是什么：首先，决策者个人的知识与视角比不过多人集合的效果；不同人的观点相互碰撞能够激发更丰富的思考，个人单干可无法实现这一点。不少人都有过这种经历，在激烈的讨论中，某位同事的只言片语恰好激发了你的真知灼见，这位同事可能没有提出新观点，但你的高见少了他可能也想出不来。其次，个人独自寻求解决方案就会失去一个重要方法——“并行处理”。在团队之中，各个小任务可以分配给不同成员同时开展，而如果一个人单干，那么只能一个任务一个任务进行。

但是，全员全方位参与工作难道没有风险吗？不少集体大会商讨出来的决策可是出了名的效果不佳啊。考虑到这个问题，我们的建议是：不要采用投票制来进行决策，或者干脆不要进行联合决策，工作最终应该由领导者自己裁决。但是，在收集意见的过程中，领导者应该鼓励全员参与。团队内部形成良好的意见采纳模式，不仅能够带来更好的工作成果，还能够保持团队的密切联系，增强凝聚力，进一步促进将来的合作。但是，如果团队成员提出观点却遭到拒绝，那么会不会伤及团队成员的自尊，使其失去工作动力？领导者只要向团队成员保证，每个观点即使不是决定性因素，也会得到考量，上述情况就不会发生。而且，打造一支合作与参与意识强烈的团队，也许不至于能像沃森和克里克一样，傲气地宣称自己“发现了生命的奥秘”，却说不定可以发现让你和团队释放潜能的奥秘呢。

▼ 31　切莫妄自尊大

自视甚高往往会带来不少隐患。在他人眼中身经百战、聪明绝顶的人往往也因错误的决定让他人处于危险境地（甚至是凶险境地）。设想如果你在飞机机舱，备受敬仰的人就是机长，那么此类情况的发生就更是一件非同小可的事。

1982 年，在美国华盛顿，佛罗里达航空 90 号航班发生空难，飞机最终坠入波托马克河冰冷的河水中。以下是飞行记录仪记录的坠机前后的内容：

副机长：我们已经等了好一会儿了，再检查一下机翼上的结冰情况吧。

机长：不用。我们很快就能起飞了。

副机长：（准备起飞时看着某一设备）这看起来好像不太对劲啊？

机长：没有，一切正常。

副机长：好吧。

（飞机爬升过程不顺利的声音）

副机长：拉里（机长名字），飞机往下走了。

机长：我知道。

（飞机撞击桥面、导致78人丧生那声巨响）

领导者的观点与权威不容置疑，团队成员只得唯命是从，最终导致灾难发生。其实，这起事故并非特例。我们也能看出，领导者时常无法意识到自己在他人眼中的地位与见识所带来的影响。飞机机长的决策明显有误时，机组成员一味服从，最终产生严重后果，这类行为又称为"机长症候群"。一直以来，事故调查人员多次发现，在灾难事件中，飞机机长明显的失误没有得到其他机组成员的纠正。其实"机长症候群"并不局限于航空业。在一组实验中，心理学家查尔斯·霍夫林针对受过专业培训的护士进行了测试，即"大领导"主治医生发话时，护士是否愿意放弃自身对病人的责任。在实验中，研究人员给不同病房的22名护士打电话，表明自己是医院的医生，并要求护士给一名病人注射20毫升的"阿斯特罗"（药物名称是杜撰的），这个药品并未列入医院的药品使用清单，而且根据药品标签，每日使用剂量仅为10毫升。在实验中，21名护士直接去药箱领了药，然后拿到病房准备给病人注射。

在总结实验结果的时候，研究人员指出了关键一点：在人员整齐的医疗团队中，大家一般会认为这些"专业人士"（医生、护士、药剂师）各司其职又同心协力，从而做出最为明智的决策；但是仔细观察之下，可能只有一类专业人士真正发挥了影响。研究显示，护士无视自己的丰富经验与专业知识，完全服从医生；在这类情况中，护士的行为情有可原。主治医生不但掌握专业知识又掌控了权力，也就是说，医生掌管了全局，有权力惩罚违抗其命令的人员；而且医生本身接受了更加精深复杂的医疗训练，周围同事也就更容易服从其权威意见。所以，在这种专业权威形象的影响下，其他成员就不愿意再去质疑医生的治疗建议。

作为团队领导，主治医生也好，团队负责人也好，董事会主席也好，在下次进行决策时，一定要注意上述研究中所反映出的风险。如果领导者不能从团队成员中吸取建议，团队成员也难以提出自己的见解，这就会形成恶性循环，导致决策过程有误，决策结果不佳，最终酿成大错。无论你在执教球队抑或掌管俱乐部，无论你是做小买卖还是运营跨国大集团，打破恶性循环的关键就在于合作性的领导模式，即团队成员基于专业知识的异议能够得到重视。领导者也应谦卑为怀，公司总裁、主治医生、飞机机长等人万万不可妄自尊大。

▼ 32　多角度多方位倾听

在人类探索太空的历程中，两次全美哀悼日已被列入历史。2003 年 2 月 1 日，美国哥伦比亚号航天飞机在进入地球大气层时失事；1986 年 1 月 28 日，美国挑战者号航天飞机升空不久后发生爆炸。两次灾难中，所有机组人员无一生还。两次悲剧看似各有原因——哥伦比亚号是因为左翼前缘受损，挑战者号则是因为固体火箭助推器中起密封作用的 O 型环失效，但仔细反思两次事故，其根本原因只有一个：美国国家航空航天局（NASA）糟糕的决策环境。这些悲剧带来了什么教训？我们又要如何创造容许他人指出错误的职场环境呢？

为了理解上述事故的根本原因，先看看在哥伦比亚号事故调查过程中，调查员与该项目管理团队主席的对话：

> 调查员：作为管理者，你怎么获取反对意见？
>
> 主席：嗯，当我听到他们说……
>
> 调查员：因为反对意见本身的性质，你可能很难直接听

到……你有什么方法获得这些信息？

主席没有回复。

在哥伦比亚号事件中，有工作人员曾提出，让国防部利用间谍卫星拍摄航天飞机在发射期间可能已经受损的部位，但管理层没有听从。在挑战者号事件中，工程师提出警告，表示发射当天气温太低，可能会导致 O 型环失效，而管理层并未理会。到底是什么因素造成了这么糟糕的决策过程？

社会心理学家欧文·詹尼斯分析了现实世界中决策失误的真实案例，譬如肯尼迪时期的猪湾事件、尼克松时期的水门事件等。他提出了团队做出不良决策的理论原因——团体迷思（这一词条由美国社会学家、记者威廉·怀特首创）。“团体迷思”指的是一种决策风格，即团队成员更加看重和谐相处、意见统一，不会主动提出批评建议或者不同观点。形成这一决策风格的原因通常是因为一心追求团队凝聚力，全力隔绝外部影响，领导者独断专行且总是首先公开自身态度——这些因素在不同组织的各个层面皆有体现。在这些因素的作用下，团队成员往往会感觉到压力，从而不得不与领导者的观点保持一致；或者团队成员可能会感到有义务清除相左的观点，免于让领导者得知这些观点，从中制造出的假象就是——团队成员意见高度一致、无懈可击，其他意见都不值一提。其结果就是畸形的讨论与决策工作，无法充分征集不同意见，无法公正搜寻有用信息，无法确切评估领导者意见中的潜在风险。有什么方法可以避免产生这种不合理的决策呢？团体决策质量的提升需要鼓励各方的批评与质疑，尤其要针对领导者的意见。明智的领导者应该首先让团队其他成员畅所欲言，然后再发表自己的观点，确保能够得到大家的真实想法、真知灼见，而不是溜须拍马的奉承之言。

为了有效利用这一策略，领导者需要营造透明公开、坦诚相待的工作环境，团队成员能够放心发表意见，其观点能够得到充分的考量。最重要的是在做出决策之后，能够再进行一次会议，针对决策的顾虑或质疑进行讨论。另外，从外部聘请专家也十分重要，外部人员对决策有更为公正的评判。组织内部的自我审视有时比较短视，团队发现问题的角度往往受限于组织内部文化，这种情况下外部专家的意见尤为重要，可能会更好地洞察某些重要问题。

简而言之，如果一支团队想要说服客户，得到肯定，那么在团队成员之中认真听取反对的声音往往能够增加最后成功的概率。

▼ 33　找一个“恶魔代言人”

近400年间，罗马天主教中有一个职位叫“恶魔代言人”，专门负责调查并向教会呈示封圣候选人在生活工作中的负面信息，与“上帝代言人”相对立。这可以称为“封圣尽职调查”，通过向教会领袖展示不利于候选人的信息，以及各种意见、观点、信息的相互碰撞，使得最终决策更为公正周全、有理有据。

驰骋商界的各位人士都知道“企业”与“圣徒”风马牛不相及。但是，企业管理者却可以从“恶魔代言人”的制度中获取到很多有价值的信息。当团队中的每位成员习惯于很快地认同某个观点，则激发不同的意见就显得尤为重要。并且，考虑到“团体迷思”和“群体极化”所带来的隐患（即团队中的近乎统一的意见越是得到更多的讨论，就越容易导致最后决策的极端化），寻求多样的观点就更加意义重大。

社会心理学家早就知道，在团队中即使只有一个异议者，都能够激发更具创新、更为缜密的思考。但是到目前为止，如何定义异议者，鲜有研究。那么，“恶魔代言人”（专门挑战“上帝代言人”，也就是“伪异议者”）与真正持有反对意见的异议者相比，哪一类人能够阻止团队走向“志同道合”的极端，真正提升团队解决问题的能力？

社会心理学家查兰·内米特及其同事进行了实验，与真正的异议者相比，“恶魔代言人”的模拟角色在团队中并没有显著激发创新思维并提升解决问题的能力。研究人员分析后得出结论，持多数意见的成员更为看重异议者真实的论据和立场，并认为其更有道理。“恶魔代言人”更像是为了反对而反对。当持多数意见的成员面对真正反对其观点的异议者，他们会试图去了解为什么异议者坚守自己的立场，在这个过程中，他们会更好地理解当前存在的问题，并从更广阔的角度进行考量。

那么，这些研究结果是否证明“恶魔代言人”制度已经过时了呢？ 20 世纪 80 年代，教皇若望·保禄二世正式终止了天主教会中的这一职务。而且，还有证据指出，“恶魔代言人”的存在可能会强化团队成员对多数意见的信心，因为他们认为“恶魔代言人”已经充分考虑并摒弃所有其他的意见。但这并不意味着“恶魔代言人”一无是处，也许正是“恶魔代言人”的存在才让大家注意到了不同的观点、视角和信息，关键在于多数成员要以包容开放的心胸去面对。

不过，综合这些研究发现，领导者的最佳策略应该是创造并保持良好的工作环境，让所有同事和下属面对主流观点时能够直言不讳。这将会转化为创意辈出的解决方案，斗志昂扬的员工精神（前提是争论就事论事，不要发动人身攻击），最终能给企业带来更大收益。如果决策的影响较为深远，寻求真实的反对意见就更加重要。其他人以完备的论据、饱满的热情发表真实的观点，告诉你可能走错了方向，而不是单纯模拟一些反对意见，你才能更充分地了解到当前处境，做出更明智的决策，实现更有效的创新。

▼ 34　从失败案例中学习

强大，勇敢，坚毅，执着，忘我——有些人说，消防员无论是外在形象还是内在品格，都应该是这些词的代言人。于水深火热之中救人，或解救被困在大树上的小猫，这也许不是你的工作职责，但是了解消防员的培训过程可能会让你成为平凡生活中的强者。

行为学研究人员温迪·郑及其同事计划检验特定类型的培训是否更能有效减少工作中的失误，检验的重点就是比较失误案例培训与成功案例培训，看看前者是否能产生更好的培训效果。他们认为，关注失误案例会更有成效，主要有几个原因，例如注意力更为集中，体会更为深刻等。

研究团队需要挑选合适的实验对象，其工作内容时常涉及在高度紧张的情况下快速地做一个重大决策，且其决策后果非同小可。不出所料，他们选择了消防员。在实验中，研究人员对消防员进行培训，其中包括案例展示。但是，针对两组消防员，案例又分为两类：第一组学习的案例是消防员决策失误，导致负面后果；第二组学习的案例是消防员做出正确决策，避免了负面后果。研究人员分析数据后发现，第一组消防员的判断力经过培训后，提升更为明显。

培训就是要对他人产生影响，所以，如果你作为管理者，希望深化对员工的影响，那么上述研究会为你将来的培训内容指明方向。很多企业的培训都是全盘正面信息——也就是直接阐述如何做出正确的决策。但是，根据上文中的分析，培训中至少应该设定部分环节，研究过去的失误案例，讨论错误本该如何避免（将来如何避免）。在失误案例培训中，个案展示、影视录像、图解说明、个人陈述等之后，一定要进行充分的讨论，分析在同类状况中应该采取哪些合理措施避免失误。

当然，失误案例中不需要指明工作失误的当事人，这种失误案例培训完全可以通过匿名方式呈现。但是，也有些经验丰富、受人敬仰的员工十分乐意分享自己的“血泪史”，为企业培训资料做出贡献。

这个方法当然不限于企业培训。学校老师、体育教练等所有需要“培育”他人的职业都适用，这当然也包括父母了。如果你希望教导孩子与陌生人保持距离，那么你可以给孩子讲故事，描述陌生人欺骗小孩子的情节，让你的孩子关注故事中的小孩应该怎么避免受骗，从而使其为真实生活中可能出现的情况做好充分的准备。

▼ 35　专门强调产品劣势的奇招

60 年前，著名的恒美广告公司（DDB）接到了一项任务，要在大型国产汽车盛行的美国市场推出小型的德国汽车——大众甲壳虫。成功的希望看似渺茫，然而“甲壳虫”竟然在短时间之内从美国市场上的笑料变成了潮流标识。这华丽转身的背后，恒美广告公司功不可没，可谓是在广告史上留下了极为经典的一笔。不过，最出人意料的是当时广告设计的基调并不是产品优势，价钱便宜、耗油少，这些方面都没怎么宣扬，广告反倒是刻意突出了“甲壳虫”的劣势。这究竟是为什么？

这次广告宣传确实打破了行业传统，在那个年代，大众汽车远远不如美国国产的汽车让人赏心悦目，而这就成了恒美的着力点。广告标语中不乏自嘲，“丑是丑，别只看外表”“越丑越长久”这些广告语十分吸引眼球，整体的宣传也很讨喜，这些都显而易见。但广告宣传推出后，“甲壳虫”销量激增，这又是为什么呢？

指出产品的某个弱点会让人感觉这家企业的广告坦诚、可信，使得公司获得了有利条件，在宣传产品优势的时候就会更具说服力——在“甲壳虫”汽车的案例中，油耗不高、价格实惠这类信息会赢得更多信赖。同样，安飞士（Avis）作为全球第二大汽车租赁公司，在其著名的宣传方案中也利用了这个规律“我们排第二，但我们更努力（不是第一名就必须这么做）”。其他同类案例还包括李施德林漱口水——“你讨厌的味道，每天三次哦”；欧莱雅美妆——“贵，但你值得拥有”，等等。

在广告业之外，这一策略的使用也颇为有效。行为科学家奇普·威廉姆斯及其同事进行了一项研究，当律师首先指出了案件陈词中的一点缺憾，而不是等对方律师来戳破，陪审员往往对其信任程度更高。也正因为大家感觉此律师为人比较诚恳，在最终的判决中更倾向于就其整体陈词给出更有利的结果。同样，如果你正考虑换工作，那么不妨思考一下这个招聘实验的结果：一部分求职者的简历中通篇都是正面评价，而另一部分求职者的简历中首先提到了自己的某些弱点或有待提升之处，然后再介绍个人优势；结果，后者得到的面试机会更多。

这个增强说服力的技巧还有更为广泛的应用。如果你准备把车卖了，有买家联系你，希望试驾一下，你就可以主动说说车子可能有些不足之处，最好是对方自己无法发现的那类信息（譬如后备厢的灯有点儿暗，或者油耗情况一般）。这也许能让对方更加信任你以及你的车。

谈判桌上也可以应用这个技巧。如果你在某个小环节有弱点，与其等着谈判对手去揭发，不如自己先提出来，这就会让对方觉得你值得信赖。在更为直接的销售工作中也是如此，如果你向企业推销彩印机，知道自己机器放纸的数量跟竞争对手比要少一些，那就首先提及这一点，这更有利于你获得对方的信任，也更容易让对方相信，你的机器在其主打性能上确实超越了竞争对手。

当然，这个策略仅仅适用于产品弱点无伤大雅的情况。如果看到某汽车公司标语——“虽然我们在 J.D. Power（全球知名市场咨询公司）的评测中排名垫底，但只要摆平手头这些非正常死亡诉讼案件，我们一定会重整旗鼓，力争上游”，那么你会做何感想？广告可不敢这么打。

▼ 36 “我很丑，但是我很温柔”

17 世纪的法国作家、伦理学家弗朗索瓦·德·拉罗什富科曾写道，“我们只需要坦露自己的一点不足，就能说服他人我们没有大的不是。”如今看来，这句话似乎预示了大众甲壳虫的广告宣传必定大获成功。甲壳虫的宣传恰好巧妙地处理了产品的不足，如果我们想要利用这个策略，那么问题就来了：你可以坦露什么样的不足呢？

社会科学家格尔德·博纳及其同事进行了研究，他们认为要想大大提升“两面性”信息的说服力，正面和负面的特点之间要建立联系。在其中一项研究中，博纳设计了 3 种餐厅广告：第一种广告中只有正面信息，例如，广告强调餐厅的氛围十分温馨惬意；第二种广告中正面、负面信息都有，例如，餐厅温馨惬意，但是不提供停车位；第三种广告中的负面信息与正面信息互相关联，例如，餐厅有点儿小，但是温馨惬意。

看到第三种广告的实验参与者能够在餐厅的不足与优势之间建立联系，“嗯，空间有限，但这也是氛围温馨惬意的部分原因嘛。”实验结果显示，后两种“两面性”广告都能够增加参与者对于餐厅的信任程度；不过，第三种广告给餐厅带来了最高的评价。

这就说明，如果你只需要让对方更加信任你，那么随便哪一种“两面性”信息都能起作用。但是，如果你希望对方喜欢你的东西，无论是餐厅、产品，或者你的个人资历，那就要想想，当你说出不足的时候，怎么让人看到其中相应的好处。讲个真实的历史故事吧。1984 年，美国总统罗纳德·里根再次竞选，有些选民担心他年纪大了，可能不适合连任。在竞选辩论中，面对竞争对手沃尔特·蒙代尔，里根坦言自己年纪确实大了，“希望大家清楚，竞选中我不会拿年纪来说事。我可不会为了政治目的，因为对手年纪轻轻、涉政不深就利用他啊。”蒙代尔当下付之一笑，然而他可没有笑到最后。里根一举击溃对手，是美国总统竞选历史上又一次压倒性的胜利。

这些研究结果当然也能应用于商业领域。假如你要向客户推销公司的新产品，它比竞争对手的产品好很多，但也有一点不足——它比客户现在用的那台机器贵 20%。不过你也清楚，如果考虑使用年限、维护成本，那么这 20% 的差价完全可以抵消。此外，你推销的机器不但更加快捷，而且更小巧、占地少。

根据上述研究结果，当你提到产品价格方面不太理想，就要马上和客户说一下和这个价格相关的产品优势。比较这两种说法，“表面上看是有 20% 的差价，但是使用的时间更长，维修成本更低，绝对花得值”和“表面上看是有 20% 的差价，但是更快捷、更节约空间啊”，显然是前者说服力更强。

换言之，当你提到了不足，一定要提与其相关的优势，这样才能消除不足带来的负面影响。命运给了我们柠檬，我们就做柠檬汁，别想什么苹果汁。

▼ 37　直面错误，勇于改正

2007 年 2 月，美国东北部地区风雪肆虐，根据天气预报，几乎所有航空公司都取消了该区域的大部分航班。但是，总部位于美国纽约的廉价航空公司“捷蓝航空”却没有，他们给了乘客希望，乘客认为航班会按时起飞。结果呢，捷蓝航空因为预测不足、决策失误，没能顶住暴风雪，反倒让乘客大失所望。

上千名旅客滞留在机场大厅。还有些乘客已经登机，他们只能在跑道上干等。这简直是航空运营的大事故！捷蓝航空需要面对非常棘手的公关问题：事由怎么说？谁来承担？或者是什么因素导致的？是指向外部因素，譬如恶劣的天气？还是指向内部因素，譬如公司的运作问题？捷蓝选择了后者，承认发生运营瘫痪的原因是内部因素而非外部因素。承认错误不但需要勇气，还要表现谦卑，所以很少有企业或者个人会主动承认是自己的失误。那么多企业都不会考虑的做法，捷蓝还真的做到了。可是，社会影响力的研究是否支持这种做法呢？

社会科学家菲奥娜·李及其同事认为，当企业把失败原因归咎于内部因素，不仅有利于恢复企业的公众形象，也有利于增加企业的营业收入；将失败原因归咎于内部因素，即可控因素，传递出的信息是企业对于自身的资源与未来有更好的掌控；另外，这么做也会让公众认为，企业已经有计划去调整出现问题的地方。

为了验证这些想法，李与同事进行了一个简短的实验，参与者需要阅读以下公司年报中的其中一份（皆为虚拟），两份年报中都解释了为什么公司去年的业绩较差，其中一部分参与者读到的年报将原因归咎于内部（可控）因素：

> 虚拟公司年报 A：
>
> 本年度收入出现了预期之外的下跌，主要原因是去年的战略决策存在问题。导致短期内收入下降的直接原因是收购新公司的决策以及将数种新药物推向国际市场的决策。作为管理团队，我们未能充分应对国内市场与国外市场方面出现的不利因素。

另一部分参与者读到的年报将原因归咎于外部（不可控）因素：

> 虚拟公司年报 B：
>
> 本年度收入下降的原因主要是国内市场与国际市场都有经济衰退迹象，以及国际竞争日趋激烈。这些不利的市场条件直接导致了销售额在短期内下滑，主要药物推出国际市场困难重重。另外，联邦法律带来的影响也不在预期之中，并且完全不

在公司可控范围之内。

参与者在阅读完年报之后对公司进行评价，两组对比，A 年报的读者在多个方面都给予了公司更高的评价。

但是，研究人员并未止步于此，他们想知道在现实世界中这个假设是否仍然成立。于是，研究人员又查看了 14 家企业 21 年间的年报，收集了数百条此类信息。他们发现，年报中涉及失败原因时，相较于归咎外部不可控因素的企业，归咎于内部可控因素的企业，一年之后其股票价格会更高一些。

因此，为错误承担责任，勇于承认自己的不足，不仅是正确的做法，而且也是有利于企业的做法。那么，为什么还是很少有企业愿意这么做呢？每当发生了损失严重或者有损颜面的错误，无论责任在谁，企业或者个人往往指责外部因素，试图将人们的注意力从源头问题上引开。但是，这种方法有两个问题：第一，研究显示，采用这个方法并没有有力回应质疑声音，不能证明企业已明白问题所在，并有能力解决问题，因此效果并不理想；第二，即便这一方法在短期内能够转移人们的注意力，但真正的问题并不会消失，很有可能将来会再次出现，那时就不仅仅是错误本身了，蒙骗人们的手段也会受到谴责。

这对于企业和个人都是如此。如果你自己犯了错误，就应该大胆承认，随即提出行动计划，表明自己能够掌控局面、将功补过。这样的行为方式有助于你树立能干且诚实的形象，从而增强自己的影响力。

总之，发生了问题可不要想着“踢皮球”，不要把错误归咎于外部的因素，否则，你本人与你所在的企业都会成为最大的输家。

▼ 38 技术故障应及时澄清

工作场所中计算机频出故障，总会让人心烦意乱。但近期的研究显示，在某些情况下，计算机故障恰恰是“祸兮福所倚”啊。

社会科学家查尔斯·纳坎与特丽·库尔茨伯格认为，单位将事故主要原因认定为技术故障而不是人为错误的情况下，消费者等外界人员让其担负全责的可能性较小。为了验证这一猜想，研究人员利用芝加哥交通管理局通勤火车事故的真实故事作为素材（这个事故引起多人受伤且带来众多不便），并设计了相关报道文章让会计专业学生阅读；在虚拟报道中，第一组参与者得知事故原因是技术问题，主要是计算机程序错误，列车本该停车的时候却继续前进，导致事故发生。第二组参与者得知事故原因为人为错误，列车员没有在正确的时间停车，导致事故发生。研究发现，第一组参与者责备交通管理局的程度较低。

在另一项研究中，研究人员利用大学校园中的一次真实事故进行探究。当时，大学校园的电子邮件系统只能发送校园内部邮件，这种状况持续了整整一个工作日。研究人员向工商管理硕士（MBA）学生发放问卷进行调查，一半参与者被告知这一事故“应该是因为计算机故障导致服务器瘫痪"，另一半参与者被告知这一事故"是人为失误导致服务器瘫痪"，研究人员需要参与者评估信息技术办公室（OIT，即该大学计算机网络管理部门）应在多大程度上承担责任。调查结果显示，"人为失误"组的参与者责备 OIT 的程度更为强烈，其中包括要求其支付更高的罚款。

这是为什么呢？研究显示，当人们得知企业出现问题的原因，他们会思考成功避免这一问题出现的可能性有多大；如果问题由人引起，这类思考就更为强烈，可能是因为人们觉得在人为失误相关的事故中，理应存在更大的掌控度。

前一章讨论到，大部分人往往会淡化甚至隐瞒自己的错误，尤其是当错误对客户或同事造成了负面影响时尤其如此。但是，面对这种回避态度，受事件影响的人更倾向于认定问题其实是由可避免的人为原因造成的。虽然前面我们建议，在个人或者企业犯错之后主动承担责任，但如果问题产生于技术故障而不是人为错误，那么还是应该让受到影响的人清楚这一点；而且你还需要澄清，你已经确定了问题所在，自己已能掌控局势，并且会防范未来类似问题的发生。

因为技术故障导致的各种延迟情况已经越来越常见，据统计，在英国，因为技术故障导致公共交通延误的时长为每人每年 18 小时，相当于每个人一生中有 55 天的时间是在延误中度过的。虽然延误让人心烦，但延误原因的不透明更让人愤怒。所以，如果你不凑巧需要宣布事故或者延误事件，而这些问题又确实由技术故障引起，那么你应该尽可能将这一信息告知受影响的人群。这在两个方面有所助益：第一，你的出现带来了重要信息，塑造了雪中送炭的形象；第二，你澄清了故障的源头，因此也表现出自己有掌控全局的能力。

▼ 39　利用相似性的微妙力量

1993 年夏天，美国密西西比河洪水肆虐，几乎要摧毁中西部地区的几座城市，伊利诺伊州的昆西市也在其中，数百名当地居民夜以继日地抗洪抢险，准备了上千个沙袋试图保住最易受灾地段。但是，情况并不乐观：各类供给以及食品资源不断减少，大家疲惫不堪，渐渐失去希望，最可怕的是水位还在一直上涨。有一天，抗洪志愿者黯淡的心情突然明朗起来——马萨诸塞州某市的居民向他们捐赠了大批物资，很快就会送达。

千里之外的小城市，看似和洪灾毫无关联，那里的居民为什么会慷慨伸出援手？而且，在受到洪水影响的若干城镇中，他们为什么选择了援助昆西市？

大量的心理学研究表明，当人们发现了他人身上与自己有共同点，例如价值观、信仰、年龄、性别方面相同，他们会更倾向于跟从对方的行为。不过，上述问题的答案却是两个城市有着相同的名字。因为城市名字相同，马萨诸塞州昆西市的居民觉得与伊利诺伊州昆西市的居民心手相连，从而激发了他们慷慨解囊的决心。

这又是什么道理？社会心理学家发现，对于某些与自身有微妙联系的事物，譬如名字，人们往往抱有积极的态度。这个倾向在很多方面得到了充分体现，例如，有调查显示，如果两个陌生人的生日相同，那么其中一方答应另一方请求的可能性会更高。

在另外的研究中，研究人员兰迪·加纳通过邮件向陌生人发送问卷，请求完成问卷并回复。邮件中的署名人可能设定为与收件人的名字相似，也可能与收件人完全不同。例如，“相似姓名组”中发出邮件可能署名鲍勃·格雷戈尔，收件人可能是罗伯特·格雷尔；或者是由“辛西娅·约翰斯顿”发出，收件人为“辛迪·约翰逊”。在“非相似姓名组”中发件人则使用了研究助理的任一名字。对比“非相似姓名组”，“相似姓名组”的收件人完成请求并回复邮件的概率高出将近一倍（56% ∶ 30%）。另外，实验的第一阶段完成后，研究人员又向回复邮件人群发送了另一份问卷，询问并评估他们回复问卷的因素。在这一次调查中，只有半数人回应，而且没有任何人表示发件人姓名影响了他们完成问卷的决定。这类研究显示出，在人们决定是否帮助他人的过程中，相似性的影响微妙到不易察觉，但力量却很强大。

这类社会心理学分析的重要启示之一，就是如果销售人员能够指明自己和潜在顾客之间的相似之处，例如姓名、信仰、家乡或者母校，那么，后者可能更容易接受其推销的内容。另外，如果与同事或者邻居出现了矛盾，那么，指明某些相近之处可能是化解冲突的第一步。当然，这里可不是让你编造出某些相似性以获得他人的认同，而是说，当你有求于人，且又与对方真正存在共同之处时，你不妨先说出来，有益无害。

▼ 40　模仿对方行为的好处

无论是与商业客户谈判，又或者与家人朋友相聚，餐厅在职场生涯与个人生活中都起到了至关重要的作用。在餐厅里与你的饭友互动当然有不少收获，不过，餐厅的最佳受益者可能来自另一个特殊群体——他们每天都希望从别人身上有所收获，但很少有人想到要问他们拿点儿好处。

这群人就是餐厅服务生，从服务生身上我们可以学到不少关于说服的诀窍。譬如，很多服务生发现，如果他们在客人点单之后，完整重复一遍点单内容，那么得到的小费往往更高。可能很多人都有过类似经历，服务生在顾客下单之后，只会简单说一句，“好”，甚至连说都不说，完全没有给予顾客确认的信号。你点了芝士汉堡之后，肯定不想餐厅给你错上成了鸡肉三明治呀，服务生的一声确认能让你放下心来——谁会不喜欢这样的服务呢?

研究人员里克·范·巴伦通过实验证实，服务生全盘复述客人的点单确实会获得更多小费——不需要解释，不需要点头，不需要“好的”，只需要逐字复述点单内容。在某家餐厅，逐字复述点单内容使服务生的小费上升了将近 70%。

为什么重复他人的讲话就能换得大方出手？也许是我们本身就更喜欢与自己相似的人吧。研究人员坦妮娅·查特兰德与约翰·巴奇认为，与他人行为保持一致，能够让人产生好感，建立人与人之间的纽带。在实验中，研究人员设计了情境，让两个人展开简短的互动，每次互动的其中一方都是研究助理。在第一组情境中，研究助理会模仿对方的姿势与行为，也就是说，如果对方抱臂坐着抖腿，那么研究助理也要抱臂坐着抖腿。在另一组情境中，研究助理不用跟从对方动作。

研究人员发现，第一组情境中的参与者对研究助理的好感更强烈，互动也更为顺畅。同理，服务生复述了客人的点单内容，使客人对其产生好感，因此获得更多小费。对于我们喜欢的人，我们更愿意点头，更愿意为对方付出。

近期，研究人员威廉·马杜克斯及其同事还进行了多项实验，探究这个规律在另一领域的适用情况——谈判。他们认为，在谈判中的行为模仿不仅有益于个人，更能助力双方的合作。在一项研究中，工商管理硕士（MBA）学生分为两组，在谈判中，一组学生需要默默模仿自己的谈判对手（例如靠在椅背的动作等），另一组学生不需要模仿；结果，前一组学生达成谈判协议的概率为 67%，后一组学生达成谈判协议的概率仅为 12.5%。综合实验中的其他数据分析，研究人员得出结论：行为模仿能够增强人与人之间的信任，在信任程度较高的氛围中，谈判一方才能放心地主动提出一些重要细节，从而打破僵局，创造双赢。

你大概也有这种经历，在和团队成员会面或者和对手谈判时，自己的动作和对方竟然一致。很多人意识到这个现象之后，就会马上改变自己的动作，不再与对方保持一致。也就是说，大多数人觉得行为模仿这个举动不够礼貌。但是研究结果却恰好相反：模仿会为双方带来更好的结果，或者，至少你得到的益处不会以伤害对方为代价。

这些研究结果也有其他的应用场合。如果你在销售或者客服领域工作，那么重复顾客的语言能够帮助你们建立更良好的关系。疑问也好，抱怨也好，或者购买请求（例如，“所以您是说，目前要购买 10 份产品，但 5 月份可能会增加到 20 份吗”），通通适用。

本书的一位作者最近受邀审查某客服中心的电话录音，其中一则录音中的对话刚好体现了上述研究的反面效果。一名愤怒的客户打来电话，要求与经理通话，原因是该公司最近没有履行对他的一项重要承诺，他非常生气。

“非常抱歉让您如此不满。”（客服中心接线员回复。）

“我不是不满，我是生气。”（客户的声音越来越大。）

“是的，我知道您现在非常烦心。”

“烦心？烦心？我不是烦心，我是生气！”（客户大吼。）

对话很快演变成剧烈的意愿冲突，接线员不愿意承认“客户是生气”这个事实让客户越来越愤怒。其实，只要简单地重复客户的表达，可能就会有不一样的结果。“非常抱歉让您这么生气。我们应该如何帮您解决问题呢？”这样的回复效果会更好，而且也是搭建良好人际关系的有效策略。

这个故事告诉我们什么道理？通过观察一位优秀的餐厅服务生与顾客的互动，我们能够学习到不少影响甚至是说服他人的知识和技能。人们常说，模仿是奉承的最高境界，这个策略则告诉我们，模仿也是说服的基本功之一。

▼ 41　奢侈品的傲慢营销法

有一次在朋友家，他聊到某次出差途经旧金山，他看到多姿多彩的景点：宏伟的金门大桥，古老的有轨电车，独特的恶魔岛，陡峭蜿蜒的街道……朋友突然说道："旧金山是一个很不错的地方，就是那里的人特别势利"。与此同时，他抽出了一本杂志，其中某篇文章标题赫然写着"全美十大势利城市"，旧金山荣膺榜首。

读完文章后，我有两个感受特别明显。第一是惊讶，我一向在旧金山游玩很开心，没有遇到什么刁钻的势利小人；第二是渴望，旧金山突然之间别具一番吸引力。这产生了一个有趣的现象：当人们感受到一家公司势利的态度，对于该公司产品或服务的渴望会不会增加？

一直以来，大部分人都认为消费者不喜欢那些目中无人的销售，所以不可能购买这类销售推销的产品。这有一定道理，大部分消费者研究也印证了这一点，热情有礼的推销人员往往能够吸引更多消费者，让消费者买得开心、用得放心、对品牌更加忠心。

但是，消费者研究人员摩根·沃德以及达伦·代赫勒认为，有些时候，销售人员势利傲慢，刻意与消费者保持距离，反倒能够增加产品的吸引力，促使销量攀升。

沃德与代赫勒在零售场景中进行了四项实验，探究人们在遭到品牌“拒绝”之后，购买欲望与意愿是否会增加。实验结果显示，当消费者遭到了奢侈品牌销售人员的“拒绝”，购买欲望确实增加了；普通品牌则不存在这个效果。当然，发出“拒绝”信号的销售人员还必须与品牌本身的形象相契合。如果普拉达（PRADA）的销售邋邋遢遢，踏着脏兮兮的运动鞋，那消费者可不会喜欢；还得是妆容整洁、皮鞋锃亮的销售，才能实现上述策略的效果。所以，人力资源经理一定要注意，员工必须体现出公司和品牌的特质及价值观。

那么，为什么人们偏偏喜欢那些拒人于千里之外的产品？沃德与代赫勒认为，零售业中的“拒绝”也是一种“社会拒绝”。回想一下，在学校里面，有些孩子因为“不够酷”被小团体排斥在外，这使得他们更渴望和那些特别酷的人交朋友。同理，在“零售拒绝”中，如果对方觉得你土里土气、不够档次，你就越是想要购买穿戴他们销售的产品。

归根结底，这还是在于人们想要与他人建立社会关系，赢得他人的认同。如果某些人、某些因素威胁到了我们的自我认同或者群体认同，那么我们就会觉得有需要重新巩固自己的社会地位和身份。为了实现这一点，我们可以默许群体行为方式、寻找新的群体建立社会关系，或者是改变消费选择。

研究人员妮可·米德主持的一系列实验证实了这一点。当实验参与者被某一特定群体（实验中为同校大学生）拒绝后，购物选择受到了什么影响？如果只是希望让自己高兴一点儿，那么他们可以买点儿自己喜欢吃的零食，譬如奥利奥饼干，或者自己常用得上的东西，例如咖啡杯。然而，他们更倾向于购买大学纪念腕带（即该群体的标识物件）。

因此，如果你是某高端品牌或者奢侈品公司的代表，希望突出企业形象，那么在招聘员工的时候，是否“势利”就成了一个重要的指标。但是，如果你的市场定位是亲民、平价，那么热情友好的说服力策略则更为有效。这当然是人之常情。对了，最好还要记得保持微笑哦。

有没有一种笑容的效果能立竿见影？请看下章分解……

▼ 42 你若友善，就会被整个世界温柔相待

中国有句老话“人无笑脸休开店”——只言片语，意味深长。大家都听说过，在服务行业中笑脸迎人十分重要。但是，笑脸是否大同小异？你的笑容能否给他人带来什么正面的影响？

社会科学家艾莉西亚·葛兰迪及其同事希望探究一下，在提升消费者满意度方面，是不是所有的笑容都同样有效呢？过往研究已经证明，人们可以区分真笑和假笑，所以研究人员认为，虽然两种笑容看似差别不大，但客服人员的笑容是否真诚可能会影响消费者满意度。

为了验证上述猜想，研究人员进行了以下实验：参与者需要观看一段录像，内容是酒店前台员工与一位办理入住的客人在对话；然后参与者站在客人的角度，评价录像中的互动是否令其满意。参与者并不知道录像内容其实是研究人员雇佣演员摄制的。在互动中，演员们的台词一模一样，但是扮演酒店员工的演员得到了两种不同的场景指示。在一个场景中，这位演员需要对客人表示由衷的好感，思考如何能让这位客人感到满意——这是“真情组”；在另一个场景

中，演员得到的指示是在互动中必须要笑出来——这是“假意组”；在完成任务方面，研究人员还让演员表演了“出色”与“糟糕”两种状态。实验结果的第一个结论在意料之中：当酒店员工出色完成任务时，参与者最后评估满意度较高。实验的第二个发现：当酒店员工完成的任务很糟糕时，笑容是否真诚（“真情”与“假意”）对满意度并无影响；但是，当酒店员工出色完成任务时，看到“真情组”的参与者相较于看到“假意组”的参与者表示出了更高的满意度。

在另一项研究中，研究人员选择了自然场景，在餐厅中随机访问顾客，看看他们对服务人员的服务是否满意，他们是否认为服务人员展示出了友好、真诚的态度。与上文的实验结果一致，当餐厅顾客认为服务人员展示的友好态度十分真诚时，对其服务的满意度较高。

根据这个研究结果，那句老话——“当你微笑，世界就报以你微笑”，可能要修正一下，因为你笑得太假时，全世界也可能会朝你皱眉头。那么，我们如何让自己更加真诚待人，如何鼓励别人更加真诚待人？

首先，服务行业的公司可能需要为员工提供情绪管理技能培训，帮助他们更好地调节情绪、改善情绪。如果员工本身不快乐，还要给顾客赔笑脸，那么这样的互动往往效果不佳，最终也会影响消费者满意度。但是，这类培训通常需要投入大量的时间与金钱。

还有一个方法简单易行，人人值得一试。那就是听从本杰明·富兰克林的智者之言——“寻找他人的优点”。在人际交往中，很多人总是喜欢找别人的茬，如果你能够主动寻找他人身上令你喜欢的品质，那么才更有可能喜欢上这个人，而且，对方也会更喜欢你，这不是皆大欢喜吗？这个方法也适用于与上级的交往。作者的一位朋友原来与自己上司关系特别差，总是意见不合，不仅如此，这位朋友是真心讨厌她上司的为人。突然有一天她开窍了，决定要听听富兰克林的建议。这位上司在职场上令人生厌，但却是特别顾家的男人，这令朋友由衷感到钦佩。她关注到这一点后，竟然慢慢地对上司有了更多好感。某天，朋友还对上司说，佩服他对家庭有担当，说得也是诚恳有加。第二天，上司去她办公室的时候，特意给她提点了工作上的某个重要信息，让她还小小吃惊了一把，毕竟要是在以前，这是绝不可能发生的。

▼ 43 短缺就是价值

2005 年 4 月 2 日晚，罗马天主教第 264 任教皇若望 · 保禄二世逝世。消息一经宣布，奇怪的事情发生了，人们纷纷涌入礼品店，购买各式各样的纪念品——咖啡杯，银质汤匙等。如果说大家购买的商品印有若望 · 保禄二世人像，表达缅怀之情，那么不难理解。然而，纪念品上没有教皇，这次抢购也不是在梵蒂冈（罗马教廷所在地）或是近在咫尺的罗马，而是千里之外的某个地方。总而言之，教皇逝世和这次奇怪的抢购现象确实有着密不可分的联系。

教皇保禄二世被认为是推动东欧剧变的重要力量，另外也在很多事情的发展上有重要影响，消费主义，堕胎问题等，但是纪念款咖啡杯？还不是其他纪念款，准确来说，是 2005 年 4 月 8 日星期五在英国温莎城堡举行的威尔士亲王查尔斯与卡米拉 · 帕克 · 鲍尔斯的皇室大婚纪念杯。而且，不仅仅是咖啡杯被疯抢，茶具、银匙、茶巾、鼠标垫、钥匙环等都成了大家奋力搜寻的纪念品。到底是什么引发了这一次的抢购风潮？

2005 年 4 月 4 日星期一，梵蒂冈宣布教皇保禄二世的葬礼将于星期五在罗马举行，那天正好也是英国皇家婚礼原定的日期。出于对教皇的尊敬，新郎查尔斯需要亲自参加葬礼仪式，英国皇室迅速重新安排了婚礼，决定在葬礼后一日举办，即 2005 年 4 月 9 日星期六。因此，温莎城堡每一家礼品店里准备好的婚礼纪念品都成了印错日期的“瑕疵品”。有很多人就此看到了挣钱的好机会，大量购入印错日期的纪念品，他们认为这个商品很快会变为稀有物，马上就能在 eBay 网或者别的地方卖出好价钱。

这些“瑕疵品”很可能就是现代版的“黑便士”了（即英国第一批邮票，因为其油戳印上之后不明显且易擦除，发行一年后即被“红便士”取代）。消息很快传开，购买纪念品的人也越来越多，很多商店的“纪念品”销售一空。有不少记者当时已经在温莎城堡附近准备皇室大婚的报道工作，他们拦住一些从商店出来的人，问他们平时会不会购买这类商品，这些手里提着大袋纪念品的买家大多给出了否定答案。他们可不是因为自身需求而购买这些咖啡杯或者纪念品，甚至不是为了纪念皇室婚礼，而是因为他们知道，杯子印错了日期，在将来也许值不少钱呀。

在过去 50 年中，说服方面的科学研究一再表明：稀有而独特的物件对人们来说价值更高，供应数量越是稀少，供应时间越是有限，人们就越是想要。在皇室婚礼纪念品的案例中，人们可能认为，商店老板大概会扔掉大量日期有误的纪念品，毕竟上面信息与事实不符啊。在近年来的各种皇家事务中，最得民心的肯定不是那场婚礼，但印错日期的婚礼纪念品却受到了极为热烈的追捧，说来真有些令人哭笑不得。几天之后，商店里推出了正确日期的纪念品，但是购买新产品的人数远远不及那些手握“瑕疵品”的买家人数。人们以为印错日期的纪念品会变成稀有物，没曾想到这些商品竟然走入了千家万户，其价值也就大大降低了。

不过还是出现了一些聪明的买家——几天之后，他们回头又购买了印制了正确日期的纪念品。因为他们清楚，在大抢购之后，最稀有的东西应该是“成套纪念品”——印错了日期的“瑕疵品”再加上修正了日期的新版产品。

这个故事对于说服又有什么帮助？如果你在经营一家公司，那么你就应该告诉消费者有关公司产品和服务的短缺之处和独到之处，指出你有而别家没有的产品特点，从而更有力地说服消费者选择你。同理，如果你想说服同事在某个项目或者企划上给你帮忙，就要告诉对方这项工作有多独特，“这次机会特别难得。”面对家人，告知你的时间和精力有限，他们才更有可能做出有利于你的回应。总之，诚实地告知你的产品、服务或者你的时间和帮助是很有限的、不可多得的，这样做可以为产品和服务带来更高的价值，更能赢得他人的欣赏，而对于欣赏的东西，他人点头买单的概率当然更高。

不少科学研究都肯定了短缺原则对于决策的重要影响，日常生活中也不乏短缺原则的表现。近几年，虽然“节日感”变得短缺，过节心情越来越淡，但是在圣诞节那天，为了抢购快要脱销的电子游戏手柄，父母们不惜在商店大打出手。2000 年夏天，英国汽油供应短缺，人们争相购买，发生的各种现象令人瞠目结舌。2003 年 2 月，英国航空公司宣布“协和式飞机”将永久退役，消息公布之后，该客机的机票销量瞬间飞涨。2003 年 10 月，伴着失落感，上千名车主停下了车子，堵塞了一条交通要道，就是为了观望最后一班“协和式飞机”的起飞——在此之前的30年中天天起飞的客机可从未有过这么多观众。

每个人在生活中都经历过短缺原则带来的心理影响。并且在信息领域，短缺原则也在无形中悄悄发挥着强大的作用。研究证明，独家信息往往价值更高，说服力更强。在研究人员阿姆拉姆·尼辛斯基进行的一项实验中，当牛肉批发采购人员得知澳大利亚的牛肉因为天气原因可能出现短缺时，他们的订单数量将近翻倍。这显然体现了商品本身短缺所带来的影响。不过，当采购人员得知这是独家信息来源，大多数人并不知情（均为真实情况），他们的订单数量竟然增长了6倍！

这些研究所展示的道理与实例都能大大增强你的说服力，让你的请求更容易被他人接受。如果你传递了独特信息，又不指明其短缺之处，你很可能就会失去影响他人的千载难逢的良机。

▼ 44　抓住人们生怕失去的损失厌恶心理

1985 年 4 月 3 日，可口可乐公司发表声明：因数据显示更多消费者偏爱百事可乐的甜味，本公司决定下架可口可乐传统配方产品，推出味道更甜的“新可口可乐”（New Coke）。这个决定后来被《时代》杂志戏称为“市场营销大惨败十年之最”。这一天留在了不少人的记忆中，引用某媒体报道，“可口可乐公司未能预见这一决定所带来的失望与愤怒。从东海岸的班戈到西海岸的伯班克，从北边的底特律到南边的达拉斯，全美上下的可口可乐拥趸者万众一心，强烈斥责新可乐，强烈要求原版可乐的回归。”

人们的愤怒与渴望交织在一起，情绪最为亢奋的人，可能是西雅图那位名叫盖伊·马林斯的退休投资家了。他因此而建立了“美国怀旧可口可乐爱好者协会”。这个协会汇集了各方人士，通过民间立法和司法等渠道的不懈努力，争取让传统可口可乐回归市场。例如，马林斯设立了一条热线电话，让人们可以发泄自己的愤怒，表达自己的感受；马林斯累计接到了超过 6 万通电话。马林斯还派发了数以千计的“反新可口可乐”纽扣和 T 恤衫，甚至还尝试对可口可乐公司提起集体诉讼，不过很快就被联邦法官驳回。马林斯先生最令人惊奇的地方在于，在不同可乐的盲测中，他要么更喜欢“新可口可乐”，要么分不清两种口味，然而他本人倒不是很在意这一点。

大家注意，马林斯先生最看重的其实不是自己的心头之好，而是他所失去的东西。我们稍后再来讨论这个问题。先回到故事中，可口可乐公司最后顺从了消费者，原来的可口可乐重回市场，但是发生的一切让公司领导层既震惊不已又疑惑不解。当时的公司总裁唐纳德·基奥说到消费者对于老版可乐忠心耿耿：“这是妙不可言的美式疑团，是可爱喜人的美式迷思，而且你无法度量，正如你无法度量爱意与傲气、无法度量爱国精神。”

本书作者对此不敢苟同。首先，大家都知道短缺原则的心理影响，尤其是人们将要失去原有的东西，就会变得特别敏感。在世界各地，可口可乐已经陪伴数代人成长，融入了生活的点滴之中，这样的缺失无疑让人深受触动。

第二，可口可乐消费者的喜好不仅可以评测，而且我们认为可口可乐公司已经进行了评测——他们确确实实做了市场调查。当他们做出那个愚蠢的决定时，测量结果正清清楚楚呈现在他们眼前，但他们却没有把这些数据同社会影响力因素相结合。

可口可乐公司在市场研究上可并不小气，他们可以花上百万美元，以求为新产品做好精准的市场分析。1981—1984年，在“新可乐”决策前期，公司在25个城市将近20万人中仔仔细细地进行了新老配方测试。在味道测试中（大部分为盲测），新、老配方的支持率分别是55%和45%。还有一部分测试没有使用无记号样品，即参与者已经得知试饮的是哪一种可乐，在这类情况中，新可乐的支持率又上升了 6%。

然而公司最终把新可乐推出市场时，大家又明显更喜欢老可乐，这是怎么回事啊？唯一能解释清楚的理由就是短缺原则：在味道测试中，新可乐还没上市，消费者知道样品是新可乐，也就知道自己平时无法喝到，于是更加喜欢。之后公司换掉了老可乐，消费者喝不到了，老可乐就成了他们更喜欢的味道。

所以，当公司人员在分析盲测与非盲测结果时，这个 6% 的数据已经有了，问题在于他们的解读出了问题。他们可能在想，“哇，不错，这意味着当人们知道自己将拥有新产品时，对产品的渴求会大大增强。”可是，6% 的增长是因为人们知道自己得不到，所以对其需求才大大增加。

老可乐下架，不仅是买不到的问题，对于喝惯了老可乐的消费者来说，他们是失去了日常生活中的一部分啊。相比可能得到的东西，人们对于可能失去的东西更为敏感，这点也在社会科学中得到了非常充分的验证。行为学研究人员丹尼尔·卡尼曼以及阿莫斯·特沃斯基首先测试并详细记录了“损失厌恶”现象，并诠释了众多领域的人类行为，包括金融、决策、谈判、说服，等等。

例如，损失厌恶的后果之一就是让经验不足的投资者过早卖掉手上涨价的股票，因为他们不想失去已得的利益。同理，当持有的股票跌价，为了避免损失，投资者会坚持不卖，因为此刻卖出就意味着这笔投资已经彻底失去了回本的机会，所以大部分投资者不愿意这么做，这也往往导致股价进一步下跌。

在市场营销方面，损失厌恶也有十分重要的意义。市场人员和广告人员会十分注重向潜在消费者宣传产品的益处。为了实现这一目标，信息的呈现往往从潜在消费者所能获得的利益出发；在这种情况下，他们可能浪费了一个更有说服力的好机会，即从消费者可能遭受的损失出发进行措辞。“把握机会，享受新品 8 折！”不如换成“不要错过机会，享受新品 8 折！”后一句话向消费者更好地指明了折扣的某种短缺性（只在有限时间内提供），他们有可能会失去机会以当前折扣购买产品。

同理，如果你想说服同事参与项目，那么你不仅要指出这将是怎样的经历以及可以获得哪些机会，还要示意对方不参与项目，可能会失去哪些利益。社会科学家玛乔丽·雪莱进行的研究表明，在决策工作中，说明潜在损失比说明潜在所得具有更明显的影响力。如果你的某个想法一经落实可能会帮助部门每年节省 10 万英镑，那么，在呈现这个想法的时候，不要措辞为“节省”，而是表达为“可能避免部门损失 10 万英镑”，后者更有可能让你的想法被部门采用。

失去的意义如此重大，甚至会影响到我们日常生活中对信息的判断。加利福尼亚大学的研究人员在某项实验中扮演当地公共事业公司的员工，研究人员到居民家中介绍节能改造的知识，其中一部分居民被告知，如果他们不进行节能改造，那么每天会多花 50 美分；另外一部分居民被告知，如果他们进行节能改造，那么每天会节省 50 美分。结果，前一组的居民最终节能改造的概率比后一组高出 3 倍。这两组信息从经济角度看，其实并无差异，但是从心理角度体会，前者却比后者的说服力强大 4 倍！

另外，这个策略也会让你受到不利影响。例如，某些居心叵测的谈判人员或者汽车销售，可能会在即将达成协议之前抛出某些十分不合理的要求——“不同意就拉倒”的要求。因为他们心里清楚，你不大可能愿意此时放弃谈判，毕竟，你此刻一走了之意味着全盘皆输。这样做还浪费了你的时间、精力以及机会（又称为“沉没成本”）。如果你觉得某个销售或者某个谈判对手正在利用你的“损失厌恶”心理，那么你一定要想办法也让对方感受一下失去的滋味。

▼ 45　多多挖掘“因为”这个词的魔力

1939 年，电影《绿野仙踪》上映了。这部电影改编自 L · 弗兰克 · 鲍姆的著名儿童读物《奇妙的奥兹男巫》，时至今日仍是老少皆宜的经典电影。很多人都非常熟悉电影的剧情：小女孩多箩西和她的朋友们——稻草人、铁皮人还有胆小狮，在黄砖路上历尽艰险，就是为了得到奥兹男巫的帮助，因为男巫成功说服了他们，他们相信男巫既仁慈善良又法力无边。小伙伴们一路唱着歌“因为因为因为因为因为 / 因为他有奇妙力量”。这又对我们的说服力有什么启示呢？

先设想一下排队的情景，在银行、超市或者游乐园里，排队可不是什么趣事，最快排完队的方法就是插队了。但是，在什么情况下，你会愿意让别人插队呢？本书提到，在请求中进行小小的改动，往往会带来非同一般的效果。在插队请求之中有没有一个神奇的词语，能够大大提升“好的，你先来”的可能性？

没错，这个词就是“因为”。行为科学家埃伦 · 兰格及其同事决定检验一下这个词的说服力。在某项实验中，兰格让一个人走到复印机前，跟正在排队的陌生人说，“抱歉啊，我只有 5 页需要复印，可以先用一下这台复印机吗？”面对这种直接的请求，仅有 60% 的人答应让陌生人插队复印。然而，当插队请求加上原因时，“我可以先用一下这台复印机吗，因为我赶时间。”几乎所有人（94%）都答应了请求。对于这样的转变，你可能无须太惊讶，毕竟插队原因算是有理有据吧。

另一项实验结果就有点儿意外了。兰格又设计了另一种请求方式，在插队请求中也使用了“因为”，但是“因为”后面的原因十分牵强。“我可以先用一下这台复印机吗？因为我有东西要复印。”因为你有东西要复印所以要用复印机？这是当然啊，别人难道不是也有东西要复印？难道你还能用这机器削铅笔？这种自说自话的原因虽然毫无道理，但是，最后答应请求的概率竟然和前面一种相差无几（93%）！

复印机的实验展现出了“因为”的神奇力量。这个词之所以拥有强大的说服力，是因为我们的日常生活中在“因为”之后总是有太多不错的理由（“因为这会有利于我升职”“因为我时间太紧张了”“因为英格兰队有着世界上最好的前锋”等），这些理由让“因为”和“说服”之间的正面联系日益增强。

当然，“因为”也有其局限之处。在复印机的实验中，无论插队理由牵强与否，答应的概率都不相上下。这是因为在这一情境中，请求者只是需要复印 5 页，这个请求不太过分。如果复印页数增加呢？兰格又在另一情境之下进行了测试——请求插队的人表示要复印 20 页。用过复印机的人都知道，多印一张，卡纸的概率会大大增加；换言之，这个复印 20 页的请求可能会给被插队的人带来更大的影响（等待时间会大大增加）。

在这一情境中，当请求者没有说明理由时，被请求者仅有 24% 的概率会答应请求；请求者说明了理由但是很牵强——“因为我需要复印”，答应概率并没有提升。但是，当请求中的理由合理正当——“因为我有急事”，答应概率翻了一番。总体看来，研究结果显示，当请求不大时，人们往往由“心理捷径”决定如何表现，而不太仔细认真地思考。但是，如果请求的利害关系更为明显，人们就会认真地思考请求背后的原因，从而决定如何回应。

这些研究提醒我们，在提出请求的时候，即使你认为请求的原因彼此心知肚明，也一定要说清楚，确保请求有理有据。例如，当你和客户预约会面，或者邀请同事合作新项目，你一定要清晰说明邀约的原因。这听起来可能很简单，但人们往往总是默认对方了解自己的意图，会忽视这一点。

这个策略应用在家庭生活中同样效果显著。如果你想让孩子听话，那么不要说“现在就来吃饭”或者“马上去睡觉”，你要给这个行为加上合理的原因，就会带来不一样的效果。不过，“因为我说了你要这么做”可不是一个好理由。

“因为”一词的说服力还能换向而行。当你试图说服他人时，可以多让别人说说理由。假设你在一家信息技术公司上班，你们公司有稳定的客户群体，但是随着时间流逝，客户对于与你们公司的合作不再坚定，甚至合作事宜被他们全然抛在脑后。这样一来，公司的竞争对手也就更加有机可乘。有效增强客户关系、强化客户信心的策略之一就是让对方的决策人员阐述与公司合作的原因。你可以给对方发送调查问卷，让对方描述为什么使用你们公司的产品。

研究人员格雷高里·梅奥及其同事认为，这个过程会提醒客户，保持合作关系不是惯性选择，而是需要有充分的理由，双方也因此拥有更稳定的合作关系。多箩西和她的伙伴们一路唱着“因为”的赞歌，你也可以让你的客户说出“因为”，找到为你唱赞歌的理由。

▼ 46　尽量简化消费者的决策过程

希波克拉底的誓词说："首先，不要造成伤害。"这是医生对于病人的职责。不过，广告宣传对于产品也是如此。至少，广告宣传不能对产品或者服务造成损害。那么，初衷美好的文案策划到底出什么错才会把潜在消费者推向竞争对手的怀中呢?

前一章说到，让人们提出支持某一立场的原因，能有效增强他们对这一立场的信心。如果把这个策略应用到广告中，那么是否也应该让消费者思考选择某些产品或者服务的原因，多多益善?近期的研究表明，在某些情况下，这个策略可能适得其反。

假设你要购买一辆新的高档汽车，已经将选择范围缩小到了宝马和梅赛德斯奔驰；你翻开杂志看到了宝马的广告，"宝马还是奔驰?选择宝马的理由众多，您能列举十条吗?"

在米克拉·温克及其同事的一项研究中，一组商科学生看了这个广告，还有一组商科学生看了另外一个稍有不同的广告，"宝马还是奔驰?选择宝马的理由众多，您能列举一条吗?"

之后，参与者需要表达自己对宝马或奔驰的看法，其中包括对购买两辆车的意愿分别有多强烈，结果非常明显："十条理由"组的参与者对宝马的评价低于"一条理由"组的参与者，对奔驰的评价则高于"一条理由"组。

为什么会产生这种结果呢？研究人员解释道，在研究中，参与者对宝马的评价依据是他们能否轻松找到支持的理由。列举一条理由对于参与者来说是轻而易举，而列举十条理由就很困难了；所以，在最后评价时，他们不是以支持理由的数目来断定好坏，而是以体验过程的难易程度做出决定。从更广义的角度分析，心理学家又将这种体验过程的难易程度称作体验的"流畅度"，我们稍后再来讨论这个概念。

回到研究中，上面实验分析说明，在你希望受众提出支持你立场的各种理由时，一定要考虑他们实现这个目标的难易程度，如果这个任务有点儿难，那就要减少任务量。研究结果映射出了一个反讽意味颇深的宣传策略：让你的目标受众说出支持你的竞争对手的大量理由；他们想出大量理由的过程越是费劲，你的产品、服务或者倡议，在对比之下就更得人心哦。

其他研究表明，仅仅是想象使用产品的难易程度就足以影响消费者的决策。社会科学家佩蒂娅·佩特洛娃通过研究证明，鼓励消费者想象餐馆用餐或者外出度假的愉悦感受，且这个过程比较简单，这就能够增加消费者光顾餐厅或者到访度假地的意愿。

根据这个推理，在你宣传产品时，或者你对别人提出请求时，可能首先需要考虑你的请求对别人而言是否容易达成。譬如，假设你要说服一群消费者购买公司推出的全新产品，如果产品具有非常复杂的性能，这群消费者完全不了解，你又没有解释清楚，那么在他们的想象中，使用过程肯定麻烦重重，他们怎么可能愿意购买呢？

上述研究对广告制作而言，当然意义重大。艺术总监时常被赋予极大的创作自由，他们需要尽力设计出吸引眼球、过目难忘的图画；但是在这个过程中，他们有可能创造出比较抽象的图画，并且没有考虑到这会影响目标受众想象使用产品的场景。根据上述研究结果，具象图画往往比抽象图画更有利于受众的想象。另外，在广告宣传的决策过程中，艺术设计人员与文案人员、广告测试人员及焦点讨论小组的成员应该密切合作，更好地理解潜在受众的想象难易程度，从而带来更好的宣传效果。

▼ 47　根据消费者的“唤醒水平”调整策划方案

在纷纷扰扰、信息爆炸的时代背景下，为了抓住人们哪怕是一丝一毫的注意力，各个品牌都拼尽全力，细微之处更见功夫。前文中也一直提到，呈现信息的方式非常重要，无论是产品的对比，或是受众当下的感触，小小的改变往往能极大扭转结果。其实在呈现信息的时候，还有一个细节也值得关注，那就是应该呈现陈述句信息还是疑问句信息呢？

运动品牌耐克告诉我们，“想做就做！”相反，胶囊咖啡品牌雀巢奈斯派索却要问，“夫复何求？”皇室牌木材涂料公司坚定宣称，“罐子上写的话，说到做到。”但是，第一资本金融公司却要问，“你的钱包里有什么？”为了吸引眼球，打开市场，哪一种广告语更具有说服力呢？

这方面的研究分析指出，陈述句往往比疑问句更有说服力，主要是因为清晰的信息往往让人感觉踏实。在这个信息爆炸的时代，这一点当然说得通。我们已经有满脑子的事情，如果企业打广告、政府做宣传时还在给我们提问题，那简直就会令我们更糟心。所以总体看来，当传递的信息充满坚定信念，人们往往更喜欢，而运用陈述句就是实现这一效果的不错方法。

但是，当第一资本问出“你的钱包里有什么”的时候，当奈斯派索问出“夫复何求”的时候，影响力就下降了吗？

其实，只要涉及人类行为的问题，答案通常是“要看情况”，这里也不例外。选择陈述句还是疑问句，取决于信息受众对产品或服务的感兴趣程度。

美国马萨诸塞州波士顿学院的市场营销教授亨里克·黑格特维特进行了一系列研究，并在《消费者心理学》期刊中发表了研究结果，正好验证了这一点。黑格特维特教授在实验中向参与者展示了不同产品，每个都附带一句宣传语。一半参与者看到的广告语是陈述句，而另一半参与者看到的广告语是疑问句。例如，在“陈述句”组别中，钢笔的宣传语是“是你的钢笔。”，而在“疑问句”组别中，钢笔的宣传语是“是你的钢笔吗？”。实验结果显示，虽然产品本身一模一样，但“疑问句”组别的参与者对产品的喜爱程度更高一些。不过，出现这种情况有一个前提条件，就是消费者对产品比较无感、没有兴趣，也就是说服力研究人员所说的“唤醒水平低”。

当消费者“唤醒水平高”时，即对产品十分关注、兴趣浓烈，陈述句式的宣传语的说服力更加显著。

所以，当消费者对于改变的兴趣与意愿较弱时，活动策划专家就应该将宣传信息设计为疑问句，这样更能激发他们的兴趣。但是，如果消费者本身就十分渴望改变，那就应该使用陈述句，因为这时候他们需要直接获取清晰的信息来肯定自己的想法。而且，向“唤醒水平高”的受众发出疑问很可能会弄巧成拙，因为这个问题会让他们重新思考自己本身的想法，扰乱决策动力，最终可能失去兴趣或者改变想法。

黑格特维特的研究主要关注的是说服他人时，陈述句与疑问句的不同影响。然而，也有研究显示，人们在尝试说服自己的时候，将目标设定为疑问句的形式会带来细微而有利的改变。

研究人员易卜拉欣·塞纳及其同事在实验中把参与者分为两组，每组每人都需要完成形式相近的各个任务，在开始之前，每个人都需要写下目标和成果，但是有一个小差别，第一组写目标的时候会在纸张开头写“我将会……”（陈述句方式）然后写上目标，第二组则在开头写“我会不会……”（疑问句方式），接着再写目标。结果如何呢？以疑问句开头写目标清单的参与者完成的任务更多。

每天早上起来，你会斗志昂扬地写一份希望完成的工作任务清单，当天晚上回顾时，你发现满满的动力总是不知为何在一天当中悄然减退，令人沮丧。如果这就是你的写照，那么尝试一下这个简单的好办法，把“我会不会……”写在任务清单的开头吧。

对于组织管理者和监管者来说，想要说服团队成员坚定目标，除了要求他们自愿、主动、公开地做出承诺和行动计划，还可以让他们在目标之前加上一句“我会不会完成？”

如果你已经相信了这个策略并准备尝试，那么我们的建议是：

“想做就做！”

如果你还半信半疑，那我们就想问问你：

“为何不做呢？”

▼ 48　简约就是力量

曾经有人问了美国银行家 J.P. 摩根一个复杂的问题，股票市场接下来会怎么样呢？据说，摩根的回答简单至极：“继续波动。”这种简约的力量，尤其是在产品名称、项目名称、企业名称方面，又是如何增强其影响力的呢？

社会科学家亚当·尔特以及丹尼尔·奥本海默表示，人们往往更加喜欢容易发音的词语和名字，即流畅性更高的词语和名字。他们认为，公司名字以及股票代号容易辨读、发音，人们会对其有更强烈的正面感受。这种心理倾向的影响之一，就是企业名称或股票代号越简单易读，看起来价值就越高，因而带来股价的上涨。

为了印证这一猜想，他们在实验中设计了虚拟的股票代号，部分代号的发音流畅性高，部分代号的发音流畅性低。实验参与者被告知这些是真实的企业名称，需要预测每个企业将来的表现。果不其然，参与者预测名称易读的企业的表现会超过那些名称难读的企业，同时也预测前者的股价会上涨，后者的股价会下跌。

现实世界中，是否也存在这样的规律呢？尔特和奥本海默随机选择了在纽约证券交易所中的 89 家企业，这些企业的首次公开募股都在 1990 年至 2004 年间。两位研究人员分析了股票名字发音的流畅性与其在公开募股一天后、一周后、半年后以及一年后的表现之间的关系。他们发现，假设有人在名字发音流畅性最高的 10 家企业投资 1000 美元，有人在名字发音流畅性最低的 10 家企业投资 1000 美元，无论时段长短，前者的投资回报更高，一年后的投资回报相差 333 美元。另外一项研究中，研究人员又把纽约证券交易所的 750 多家企业的股票代号（英文首字母缩写）进行分类，股票代号可拼读的为一组（例如 KAR，发音与英语中汽车一词“car”相同），不可拼读的为一组（例如，RDO，无法按照音标规律拼读，只可单独念出每个字母），对两组股票进行比较，最后的分析结果与之前一致。

那是不是说，你现在就可以炒掉理财顾问，卖了帮你选股票的“幸运猴”，还有飞镖靶盘，并直接卖出手上名称怪异的股票，转而投资雅虎公司（Yahoo）这类名称简单的股票，对吗？当然不是。这里只是提醒你，无论企业的名称也好，产品名称或者方案名称也罢，不要低估了简约的力量。很多时候，人们往往把所有注意力都放在那些看似更有影响力的方面，却忽视了他们向受众传递的信息中，第一条就是企业的名称。其他条件相同的情况下，辨读与发音越简单，消费者、股民或者决策人员更有可能对其产生好感。

研究人员还发现，手写信息的说服力也受到了字迹的影响：一个人的字迹越丑，其说服力就越弱。这与前两章中讨论到的情况类似，在这种情况下，当读者看到糟糕的字迹，立马就会觉得很难看懂，这种感觉会发生错位，让读者认为是信息内容读起来难以让人相信。就表面上的问题而言，对于书法不好的人，最简单易行的解决办法似乎就是把信息打印出来？对，不过这条建议还不完整，研究中显示，打印的信息应该采用易辨读的字体，这样说服力会大大增强。

这些研究发现其实也有助于提升人们的沟通效果。很多公众人物传递的信息中总有很多华而不实、晦涩难懂的词语，其实他们就是想使用一些冗长的表达、难懂的术语让自己显得很厉害。例如，下面这则信息摘自2006年10月《纽约邮报》，是一名经理向其团队发布的信息："我们会利用自身资源，建立战略同盟，创造坚实强大的信息中心，并围绕以客户为中心的商业结构，利用市场领先技术，将我们的充满人性化的系统发挥到极致。"这在说啥？这意思不就是"我们是咨询顾问"？

最近的研究结果显示，使用过度复杂的言辞（如上面例子所示）会产生事与愿违的结果。因为受众难以理解这些语言，所以这样的信息看起来更不可信，发出信息的人看起来也不太聪明。

这样的信息在各种商业报道、医疗建议、学术论文中屡见不鲜。在斯坦福大学进行的调查中，86.4%的学生承认，会在学术论文中使用复杂的言辞让自己显得更聪明。更令人担忧的现象是在英国某家咨询公司中，有56%的员工认为自己的经理和上级并没有清晰地传递信息，而且会使用无法理解的言辞，导致信息表达更加模糊。避免这些问题的方法之一就是在发送信息之前，请与项目没有利益关系的同事看一下信息，询问意见，确保信息表达能够得到充分的理解。

当然了，简约之余也不要太无趣。有时候，在信息之中加入一些不确定性可能会带来意想不到的正面效果。在某项研究中，人们要根据过山车的名字来判定乘坐这种过山车需要多大的冒险精神，也就是过山车到底有多刺激。实验结果发现，如果过山车的名字简单易读，听起来耳熟，人们就会觉得它的速度较慢，刺激度较低。所以，如果想让你的信息生动有趣，不要全篇使用过于简单的言辞，确保表达清晰的同时，再使用一些新颖的词汇。但是，如果你要说服的人群厌恶风险，那么简约的文风还是首选。

就是这么简单。如果你选择的表达简洁易辨、表意明确、读音流畅，你的信息就更能得到充分理解，也因此更具说服力。

▼ 49　设计押韵的广告词

1869 年，亨利 · 约翰 · 亨氏在宾夕法尼亚州夏普斯堡建立了亨氏食品公司。公司建立之初是为当地的杂货店提供调味料，最开始是供应辣根，之后又提供了腌菜、番茄酱。公司用马车将这些调味料运送到店铺中。1896 年，亨氏注意到了一个广告“21 款鞋履”。他认为自己的产品应该是“品种”，不是“款式”。另外，虽然当时公司的产品已经有 60 多种了，但他特别偏爱“5”和“7”两个数字，最终他设计出了“57 种变化”这个宣传语。全新的广告宣传建立起来，而这句宣传语一直沿用至今，当然还包括其他非常著名的亨氏产品广告——焗豆广告也在其中。

焗豆电视广告系列于 20 世纪 60 年代推出。在英国版本的经典画面中，一位母亲正在给两个孩子准备晚餐，突然间孩子带回来了一群朋友，大家都没吃饭，孩子撒娇说：“妈妈，萨利、罗宾、杰弗里、黛比留下一起吃晚餐好吗？”妈妈脸上闪过一丝怒气，却很快就开心地走到橱柜前，拿出了好几罐亨氏焗豆。

这时，广告歌曲响起：“上百万的家庭主妇每天都要打开一罐亨氏焗豆，‘焗豆就吃亨氏’。”

这个系列的广告的影响超乎想象，亨氏公司沿用了 30 多年。广告在英国热播期间，如果在街上随机拦下某行人，你只要唱出“上百万的家庭主妇每天都要打开一罐亨氏焗豆”，然后让对方接下一句，那么“焗豆就吃亨氏”绝对是脱口而出。

那么这句广为流传的亨氏广告语的神奇之处在哪里呢？它没有告诉消费者产品的任何特点或者好处，而是在广告语中让所有词汇都有了同样的韵脚（在英文广告语中，Beans、Means、Heinz 三个单词发音均以 /nz/ 结尾）。有那么多的广告策略，为什么亨氏偏偏选择了押韵呢？原因之一是押韵的广告语更讨喜、更好记、传播度更高。除此之外，是不是押韵的信息在人们眼中也更准确更真诚呢？

英文谚语中有一句“Birds of a feather flock together”（直译为“羽毛相同的鸟儿在一起飞”，即“人以群分，物以类聚”之意），这个现象似乎无处不在，于是社会科学家马修 · 麦格隆与杰西卡 · 托菲海巴克斯决定研究一下押韵的告示是不是都比那些不押韵的格言警句看起来更加准确。在研究中，他们把一些人们不知道的押韵语句进行了改编，意思完全一样，但是不押韵了。例如，有一句话是“Caution and measure will win you treasure”（measure 与 treasure 押韵），改成了“Caution and measure will win you riches”，都是表达谨慎有分寸能够带给人财富；另一句话是“What sobriety conceals, alcohol reveals”（conceals 和 reveals 押韵），改成了“What sobriety conceals, alcohol unmasks”，都是表达清醒时候掩饰的东西，在喝酒之后就会流露出来。

实验参与者要在读完这些格言警句之后评判其现象是否真

实。研究人员发现，虽然所有参与者都认为押韵与否不会影响准确性，但是在他们的评判结果中，押韵的句子比不押韵的句子准确性更高。

研究人员解释道，处理押韵句子的信息的流畅性更高。也就是说，人们处理押韵句子的信息比处理不押韵句子的信息更轻松。接收的信息是否让人感觉到流畅，一定程度上影响了人们对其准确性的判断，所以押韵的句子在人们的理解中更加准确。

这些研究发现在生活中的用处可不小。首先，市场营销人员以及商业机构在设计口号、格言、商标名称、广告歌曲等过程中，应该考虑押韵，这不仅会让效果更加讨喜，而且会让受众觉得更加真诚可信。正因如此，有人问一名经验老到的营销执行官，“如果产品没有新卖点怎么办？”他回答道，“如果你实在没什么说的，那就唱出来呀。”

其次，很多家长都有一个头疼的问题——哄孩子去睡觉。我们的建议就是，除了给孩子读一些押韵的童谣，和他们一起唱两句“早睡早起真欢喜，晚睡晚起没神气”可能会有奇效呢。

最后，押韵的力量还可能被运用在法律情境中。本章的研究人员提到了押韵的影响力超乎寻常，甚至可能会摆动正义的天平。在著名的 O.J. 辛普森杀妻案的审判中，辛普森的辩护律师约翰尼·科克伦面对陪审团，在结辩陈词中多次说道，“如果手套不对，他就无罪！”（原句为“If it doesn’t fit, you must acquit”, fit 和 acquit 押韵；手套为案件中的重要疑点之一）押韵的影响细致微妙，研究人员好奇，如果当时科克伦说的是“如果手套不合适，你们就要宣判他无罪”，会不会改变最终的审判结果呢？

▼ 50　利用感知对比影响他人

如果你想要增强自己的说服力，那么运动员的训练场或许能够带来不少启示。在棒球场上，经常会看到很多运动员会给球棒先安装一个加重环，然后再开始练习。这些球员表示，经常使用较重的球棒，在正式比赛时就会觉得没有加重的球棒很轻盈。

这个规律在社会科学领域又被称为“感知对比”。简单来说，就是人们对事物特点的感知是通过比较而来，并非凭空而定。例如，当你在健身房中被要求举重 10 公斤，如果你之前举过 20 公斤，那么 10 公斤就是小意思；如果你之前只举过 5 公斤，那可就要吃点苦头了。其实，10 公斤的重量并没有变化，但是你对其的感知却在变化。这个心理过程当然不是仅适用于重量，人们做出的各种判断都受其影响。这条规律出现在各种各样的情境中：你之前的经历会影响你对下一次经历的感觉。

社会心理学家扎卡瑞·托马拉以及理查德·佩蒂认为，根据这一规律，对比的效果可以用于增强影响力。他们进行了实验，当人们对某一事物掌握的信息量不同，这会如何影响他们自身感觉中对另一事物的信息掌握程度呢？

研究人员首先让参与者阅读“史密斯百货商店”的说服性信息（前导信息），然后再让他们阅读“布朗百货商店”的说服性信息（目标信息），两家百货商店均为研究人员虚拟。所有参与者读到的目标信息完全相同，它描述了布朗百货的3个部门；但是前导信息则有所差别，描述史密斯百货的部门数目有多有少——6个或1个。研究人员发现，当前导信息量较大，参与者认为目标信息说服力较弱，且对其好感较低；当前导信息量较小，情况则相反。这样看来，当消费者对史密斯百货了解较少时，就会觉得自己对布朗百货了解丰富；当消费者对史密斯百货了解较多时，就会觉得自己对布朗百货了解不足。这就是感知对比的作用。

为了进一步探究，研究人员进行了相似的实验，唯一不同就是前导信息中的百货商店信息换为了某车型（MINI Cooper)的说服性信息。实验结果与前面一致，前导信息和目标信息之间就算没有密切联系，前者还是会对后者的说服力感知产生影响。

这一规律可以应用在销售之中。假设你的公司将推出某系列产品，你非常肯定其中一款特别适合自己的客户，那么你可以先花一点儿时间讨论一下其他产品，再详细介绍一下目标产品的特性。之前我们讨论到红酒的“折中之选”时，这个规律就起了作用，说明其同样适用于定价。

感知对比也给我们提供了一个非常有效的说服力策略。改变产品、服务、请求需要投入极大的成本与时间，不一定随时都能实现，但是产品、服务或者请求的比较对象比较好改变。这里提供一个真实的案例，某家装公司高端产品系列的“后院浴缸”推销计划有两步：首先，告诉潜在消费者，很多购买了这款浴缸的客户表示，浴缸装好之后，就像给房子多加了一个房间（真实反馈信息）；其次，再让这些潜在消费者考虑一下真正多建一个房间的成本。结果，后院浴缸销量增加了 5 倍。毕竟，7000 英镑的温泉浴缸和真正的房屋建设费（至少是前者两倍）比起来，还真是小巫见大巫了。

▼ 51　给消费者一点儿起步优势

免费的咖啡，省钱的抵价券，打折的机票，假期的优惠活动……很多企业都会通过提供这些激励措施增加顾客忠诚度。如果你想让他人更忠诚于你的产品或者要求，对你提出的奖励更感兴趣，那么下面的研究结果也许会对你有些新启发。

消费行为研究人员约瑟夫·努涅斯与沙维·德雷兹认为，如果企业能够给消费者一点儿起步优势，那么甚至不需要减少消费次数，消费者在这些激励措施中就会坚持得更久，也会更快获得消费奖励。

在一项实验中，300 名顾客得到了某家洗车店的积分卡，每购买 1 次洗车服务，积分卡就盖一个印。但是这 300 张卡片又分为两种，一种提示 8 次盖印即可免费获得 1 次洗车服务；而另一种提示 10 次盖印即可免费获得 1 次洗车服务，不过上面已经有了 2 次盖印，即给予顾客起步优势。其实不论获得哪种积分卡，都是购买 8 次服务即可免费获赠，然而，后一种积分卡的积极效果却更为显著。

在之后的实验过程中，顾客每次购买洗车服务，洗车店员工都会给他们卡上盖印，并记录购买服务的日期。几个月之后，实验人员结束这一项目并开始分析数据，他们最初的假设得到了证实：在第一种卡片组别中，仅有 19% 的顾客买满了 8 次服务并最终得到赠送；第二种卡片组别的概率则是 34%，而且顾客完成 8 次购买的时间更短，洗车间隔的时间平均值比前一组少 2.9 天。

努涅斯与德雷兹认为，把这个积分卡设定为已经开始积分的模式会让人们更有动力去完成积分。他们也指出，已有研究表明，当人们越接近目标的时候，就会付出更多努力来完成目标。而上面的实验数据也印证了这一点，洗车次数每增加 1 次，2 次洗车之间的时间间隔平均减少半天。

这项实验的结果可以应用于各种顾客忠诚度措施中，同时也为我们寻求他人的帮助提供了方法。在你需要他人帮忙时，指出对方在帮忙过程中已经起到了作用，更有利于说服对方。例如，当你需要帮忙的项目和这位同事之前的项目很相似，你可以强调，她相当于已经克服了帮忙过程中的很多复杂问题，又或者你可以强调项目已经完成 30%。当然，这些信息都必须属实。

另举一例。假设你作为销售经理，你的团队尚有指标需要完成，但是团队成员的工作状况不是特别理想。这个时候你得知自己有一个大单子很快就要敲定了，如果你的下属团队完不成指标，那么这可能是你的保底业绩，这时你还是应该考虑公布这一信息，因为这也是在告诉团队，他们距离实现指标其实也不遥远。

老师和家长也可以利用这个策略。假设你的孩子特别不愿意做作业，你必须采取激励措施，你可能会告诉他，如果 6 个周末他都能坚持做作业，那就有一周时间可以自由玩耍；但是，如果你进一步表示，可以在计划执行前，先送“一周”作为奖励，那么孩子的动力可能会大大增加。

总而言之，当你向他人展示出“事情已经有所进展，目标其实并不遥远”，对方就更有可能坚持下去，完成任务。如果能够用上这个策略，那么你的影响力就会像洗过的车子一样，闪闪发光。

▼ 52　为产品起一个标新立异的名字

人们早已不用简简单单的词语描述色彩了，只要你打开一盒蜡笔，就会发现曾经普通的绿色、黄色、棕色已经换上了新名字——热带雨林、激光柠檬、毛绒熊，等等。那么，矢车菊色、缤纷玫红这些名字又如何能让你的公司股票成为蓝筹股，让账目远离红字呢？

研究人员伊丽莎白·米勒与芭芭拉·卡恩发现蜡笔和其他产品都有了丰富的颜色名称，于是希望探究这类名称差异对于消费者喜好的影响。在研究中，两人将颜色与味道名称分为了 4 类：

1. 常见颜色，典型且不具体（例如，蓝色）
2. 常见描述性颜色，典型且具体（例如，天蓝）
3. 新奇描述性颜色，非典型但具体（例如，科米蛙绿）
4. 表意模糊的颜色，非典型且非具体（例如，千年橙）

研究人员认为，第 3、4 类颜色与味道名称会引发对产品的更多正面感受，但是这两类名称产生效果的原因却不相同。新奇描述性颜色，例如科米蛙绿，是因为这里面有一个小疑团有待解开，这会让人们更多地思考这个产品，尤其是产品的优点。虽然消费者解开这个小疑团不至于证明自己智商超群，但他们还是会有一点儿小惊喜："哇噢，原来是这样啊。"这种正面情绪会将消费者与产品联系在一起。表意模糊的颜色，例如千年橙，会激励消费者去探索，因为没有现成的定义，他们就会思考产品的制造商想通过这个名称传递什么信息呢？这也会让消费者思考企业希望通过这个名称强调产品的哪些优点。米勒和卡恩通过果冻糖口味名称和毛线衣颜色名称进行实验，印证了上述猜想。

这对企业又有什么启示呢？首先，在产品的某些特性上，企业不要害怕使用一些出其不意的名字[①]。这个方法还不仅仅适用于产品和服务。假设你需要从同事处获得支持新项目或者新提案的资源，给你的项目或者提案取个新奇的名字，甚至是表意有些模糊的名字，就很可能会营造出意想不到的魅力和吸引力。

这个实验结果也可以应用在家庭中。假如你的孩子正在考虑到底是和朋友出去吃晚饭还是在家吃，如果你想说服他留下来，那就要给晚餐菜肴取些有趣的名字，例如，鸡肉可以叫"秘制香香鸡"。当然了，如果你想安安静静地度过这一晚，就赶紧告诉孩子"今晚家里吃西蓝花和圆白菜"吧。

---

① 注意，即便是出其不意的名字也应该容易辨读、发音简单，前文中已有讨论。

▼ 53　尽量延长消费者关注产品的时间

当孩子们拆开圣诞礼物，脸上充满了期待与兴奋，这应该是家长们最快乐的时候了吧。然而，这样的快乐往往转瞬即逝，取而代之的便是失落与困惑。孩子们诚心祈求了好几个月，希望“圣诞老人”一定要带来这个礼物，结果不久之后，礼物就被扔到了角落。

作为家长，你可能发誓自己不会再犯这种错误了。且慢，你有没有尝试过说服自己健康饮食、快乐至上、知足常乐？或者，你有没有尝试去说服团队，多多努力，保持斗志？开篇的故事中也许能够给你的这些说服行为带来重要的启示。

消费者行为研究人员将这种现象称为“餍足”，它不仅发生在孩子身上，而且每个人都难免这样。

说到“餍足”，人们往往会想到食物和饮品，以及吃多喝多之后的饱胀感。其实这个现象出现在各个领域的消费行为中。仔细想想，当你穿过亮丽光鲜的某件新衣服之后，它是不是已经被你遗忘在了衣橱里？当初你买来发誓要改变自己人生的某件科技产品，是不是已经在角落里积上了灰？

餍足就是生活的一部分。很多东西，我们会享受好一阵，觉得无聊了，就放手了。人们总是喜欢，甚至渴求新鲜刺激、千变万化。既然这在生活中不断发生，就必定会被用于影响他人、说服他人，改变他人的行为和决策。广告宣传人员就经常使用这一招。

如果你不想人们不停追逐新鲜感，想要维系他们的兴趣，应该怎么办？你能不能延缓餍足的发生？你销售的产品或者你组织的工作能否让大家保持关注？

相关的科学研究表明，发生餍足的速度可以改变。譬如，当消费某些产品的速度较慢，而且产品本身花样很多，那么产生餍足的过程就会变慢。正因如此，虽然消费者可能只对某一糖果或者巧克力情有独钟，但甜食公司推出的糖果或者巧克力产品，无论袋装还是盒装产品，每份产品里面都会有不同颜色、不同口味。可能消费者每次都会挑出自己的最爱，但也有可能随心而行，来个“大冒险”——混在一起吃。这样不仅能延长享受最爱的糖果的过程（因为要等到那颗糖果出现），而且，这个体验本身就有很多令人欣喜的新鲜感、惊喜感，何乐而不为呢？你找某位朋友，试一下对方播放器里的歌单，自然就清楚这是什么意思了。

另外，餍足的感觉也可以通过时间间隔得到缓解。你不妨思考一下团队经理或者监管者的常见问题：怎么说服个人或者团队对某个任务或者项目保持专注，直至完成目标，而不是因为厌倦半途而废？明智的领导者可能会将项目过程划分为若干时间段，中间提供休息机会，减轻餍足无聊的情绪；并在重要的任务中专门设置放松身心的环节，能够使得团队成员在处理任务时注意力更加集中，从而更快地完成任务，效果也更理想。

最后，当任务、项目或者产品与个人的身份认同相一致，餍足感和无聊感也会得到延缓。“星舰迷”连看3小时的《星际迷航》可不会无聊；对自己销售能力尤为自豪的员工可不会轻易放弃推销宣讲。人们似乎总是特别享受能够反映个人性格特点与身份特征的事情，产生厌倦的可能性也大大降低。

这个现象的道理看似非常浅显，但是不要忽视了背后的一点重要启示。当管理者或者监管者需要组织人员开展某一项目时，可能都是根据个人当前的工作量以及日程安排来挑选成员。时间、精力是否合适固然是重要因素，但是默契也很重要。当个人性格特点、身份特征与项目的某些方面特别匹配时，邀请他们加入团队才是明智之选，就算顺延一段时间也是值得的。这看起来可能会比较耗费成本，尤其是时间紧张的项目，怎么等得起呢？但是，如果团队成员对项目的认同感不强，在最初的激励之后，热情很快消退，逐渐产生了餍足感与无聊感，那么带来的损失可能更为严重。

上述策略能不能让你的孩子在下个圣诞节钟情于自己的新礼物？这又另当别论啦。

▼ 54 将产品的宣传标识做得更加醒目

“我是谁？”“我是小粉。”“我是玩具兔。”“我有个鼓。”“我的电池效力最长久。”那么，“我”到底是谁呢？

问题的答案取决于你所在的地方。“我”可能是“劲量兔”（Energizer Bunny），也可能是“金霸王兔”（Duracell Bunny）。

你蒙了吧？蒙的可不止你一个。

为了把道理讲清楚，为了更好地理解这稀里糊涂的说法如何影响说服力和市场宣传，我们先来回顾一下历史。“金霸王兔”是第一只出现在电视上的喜欢敲鼓的电池驱动的粉红色兔子，也是金霸王公司的重要标识。准确地说，这不是一只玩具兔，它代表了一个族群——金霸王兔族群，据说它们的电量超过了所有品牌电池的电量。在某条广告中，有好多玩具兔在敲鼓，每只兔子用的电池都不一样，敲着敲着，好多玩具兔都敲不动了，只有一只兔子还在精神抖擞地“咚咚咚咚”，它就是金霸王兔。

但是，25 年前，金霸王公司没有及时在美国更新商标手续，于是它的竞争对手“劲量兔”乘虚而入。劲量公司将碱性电池驱动的粉红色敲鼓小兔子的形象注册到了本公司名下，嘲讽了金霸王的广告宣传，并号称自己的产品电量才最持久。也正因如此，时至今日北美观众看电视时看到的是“劲量兔”，而在世界上其他地方，大家看到的一般是“金霸王兔”。

在“劲量兔”系列广告中，刚开始出现的画面会让观众误以为是其他产品（痔疮膏、头疼片、咖啡等），然后敲着鼓的“劲量兔”闯入了画面，画外音中的男声说道：“仍在继续前进……没有电池可以超过劲量。继续前进，前进，前进……”这个系列的广告推出后，出人意料，闯入画面的兔子的新奇设计在公众和专业人士中好评如潮。但有一个问题：很多人，甚至包括喜欢广告的人，都没记清这到底是哪家公司的电池广告。在调查中，有些观众表示这个系列的兔子广告是他们的年度最爱，但竟然有 40% 的受访者认为这个系列的广告是金霸王公司推出的。这里要说明，“劲量兔”和“金霸王兔”有很多明显差异可供辨识：“金霸王兔”穿着铜色上衣，光着脚走来走去；而“劲量兔”耳朵更大，戴着太阳镜，敲的是大鼓，毛发的粉色更明亮些，关键是这个大个子还穿着人字拖呢。那为什么还会出现调查中的现象呢?

观众混淆了两家公司的兔子现象，当然是一个原因。不过，有些观众以前没有看过“金霸王兔”广告，也没记清楚广告是哪家公司的。而且，在这个系列的广告火了以后，金霸王公司的市场份额增加了，劲量公司的市场份额竟然减少了。

劲量公司本该采取什么做法避免上述问题呢，这件事又带来了什么启示？心理学研究表明，产品在商店展示时，产品包装应该再加上辅助记忆的小提示。例如，“劲量兔”的图像旁边，应该加上广告中的文字“继续前进，前进，前进……”，这样就能纠正消费者的错误记忆，从而扭转他们根据记忆所做出的选择。后来，劲量公司确实采取了这一措施，且大获成功。

那对于广告营销来说，这又有什么启示呢？现在，越来越多的企业会利用广泛的媒体宣传强调品牌核心特点（持久耐用，品质精良，或者经济实惠等），这其中就包括推出了代表这些特点的广告形象。企业认为，观众看到广告之后，自然而然会将产品与品牌特点联系在一起，只要广告设计合理，这种设想也不无道理。企业还认为，观众在购买产品的时候，自然也会回想起这种联系。这就太天真了。在现代生活中，消费者的记忆里面充斥着成百上千种这样的联系，希望消费者在商店里见到产品马上就能准确定位到某种联系上，那是不可能了，至少在没有记忆辅助的时候难以实现。因此，重要的广告宣传活动中，一定要将图片、形象或标语融入商店的产品展示架，或者包装中，让消费者在购买现场就能看到。在商店展示架以及包装上加上广告宣传的主要内容需要很大投入，短期之内显得成本高昂，但绝对有必要。

这一策略不仅适用于产品的营销，在信息与思想的宣传中也能发挥作用。假设你是某健康组织的成员，当前面临的主要任务就是减少大学校园的酗酒现象。虽然你设计的宣传信息能够告诉学生应该减少饮酒，但是如何确保在最为关键的时刻这样的信息还留在他们的脑海里呢？

现在，为了应对学生酗酒问题，很多大学的健康管理人员都比较青睐“社会常规宣传”的策略。研究人员发现，大学生往往高估了同辈的饮酒量。前文讨论社会认同现象的时候说道，人们会向感知到的社会常规靠拢。“社会常规宣传”就是希望修正大学生对于同辈饮酒的错误印象，从而减少酗酒行为。例如，社会常规宣传海报上会显示一些信息，如调查发现“本校65%的学生在聚会中饮酒量为3瓶或以下”。宣传人员认为，这些标识告诉了学生们其同辈的饮酒量的准确数字，这样他们在聚会的时候也就会相应减少饮酒量。

这些宣传项目有一定前景，但截至目前，宣传效果喜忧参半。大学生们看到的海报可能说服力不错，但是宣传效果却不理想，原因之一就是当学生们喝酒时，要么没能想清楚那些信息，要么压根忘在了脑后。在一般的反酗酒宣传活动中，海报、标识或者其他形式的信息往往出现在图书馆、教室、学生会、健康中心以及宿舍的公共区域，在大学生喝酒频率最高的地方——酒吧、俱乐部、聚会厅、宿舍房间，反而没有这些信息。学生看到信息的地方和喝酒的地方基本毫无关联，所以，当大家在聚会上玩得不亦乐乎之时，海报中清醒严肃的声音也早就淹没在了及时行乐的觥筹交错声中。

记忆辅助研究表明，在目标环境中常见的物件上（例如杯垫、入场手环、印章等）增加宣传标识，学生在这一环境中对社会常规信息的关注度可以得到提升。或者，学校可以给学生发放印有宣传标识的物件，例如飞盘，这些东西学生一般都会带回住处，他们看到“记忆辅助”的可能性就更大。而且，这个策略还有一个额外好处，有研究显示，当人们适量饮酒之后，说服性信息往往更有效果。同理，很多地区已经开始通过“发光方块”（冰块大小，塑料制成，中间有LED灯）来应对酒驾问题了。酒吧老板会把“发光方块”放到顾客的酒杯里，小方块会发出红光和蓝光，这个“记忆辅助”看起来就像是警车车灯，有力提醒着饮酒人酒驾的法律后果。

总而言之，无论是公益宣传还是商业宣传，记忆辅助能够确保信息持久深刻，在人们的记忆中继续前进，前进，前进……

▼ 55　镜子的妙用

“魔镜、魔镜告诉我，世界上最具说服力的东西是什么？”

答案就是镜子。

大家都知道，镜子的主要功能就是让我们看清楚自己的外表，但是，镜子可能也是心灵的窗户——让我们看见自己的内心，甚至看见我们自己想要成为的样子。正因如此，照镜子其实会让人们的行为更符合社会礼仪。

社会科学家亚瑟·比曼及其同事在万圣节做了一项实验，他们没有选择实验室或者大街，而是把18栋当地房屋改为临时的研究场所。在万圣节当晚，小孩子们叫嚷着“不给糖就捣乱”来敲门，房子里有研究助理接待他们，请他们写下名字，然后指向附近桌上一个盛满糖果的大碗告诉他们，每人只拿一块糖果，然后表示自己还有工作要忙，随即离开房间。不过孩子们并不知道，其实每个房间都做了调整，一名研究助理会在隐蔽的地方观察他们，并记录下每个孩子是否表现诚实，只拿一块糖。

实验数据显示，这种情境中有超过三分之一（33.7%）的孩子多拿了糖。研究人员还希望证实是否能够通过镜子，减少不诚实的偷糖现象。所以，在某些房间中，研究助理在糖果碗前立了一面镜子，这样孩子们在拿糖果的时候就会看到镜子里的自己。在这样的情境中，只有 8.9% 的孩子多拿了糖。

基于同样的推理，本书的一位作者参与了另一项实验，研究当人们关注自身以及外在形象时，是否会让其行为与价值观更为一致。行为科学家卡尔·凯尔格伦主持了这项实验。在学校某学期初，我们评估了实验参与者对乱扔垃圾的看法；在实验室中，有一半的参与者看到的闭路电视中有自己（基本与在镜子中看到自己的效果类似），另一半的参与者看到的闭路电视只有几何图形的画面。参与者被告知需要完成一个任务，其间会监测其心率，为了配合监测，手上需要涂某种凝胶。参与者自己的任务完成后，实验助理会给他们递上纸巾擦去手上的凝胶，并告知他们从楼梯间离开。之后，研究人员就会观察他们是否会把擦过的纸巾扔在楼梯间。

实验发现，当参与者没有在闭路电视中看到自己时，有 46% 的人把纸巾扔在了楼梯间；但是另外一组的比例仅为 24%。这个实验至少回答了一个问题，“那些随手乱扔垃圾的人每天怎么好意思照镜子啊？”答案很简单，他们根本不照镜子。

在日常生活中，我们也可以利用镜子来说服他人，以最微妙的方式引导人们在社会中表现得更好。上述研究不仅提示了万圣节应该怎么摆放糖果，也显示出，如果能够巧妙安排镜子的摆放位置，孩子们交往时就会对彼此更友好。另外，如果管理人员发现了员工在仓库中偷东西，那么摆放一面镜子可能会有效减少偷窃行为。在这种情况下，镜子比闭路电视效果更好，后者不仅昂贵，而且向员工传递了不信任他们的信号，这有可能会导致更严重的偷窃行为。

如果在某些地方安装镜子不可行，那么还有两个选择。第一，社会心理学家埃德·迪纳及其同事发现，让人们写下自己的名字会产生相似的效果。也就是说，可以让孩子们或者员工戴上胸牌，这会使得他们的表现更好。第二，研究人员梅丽莎·贝特森及同事发现，在墙上张贴眼睛的图片也能够使人们更注重自身行为。例如，在一项研究中，研究人员利用了某工作场所的情境：在公共区域有一个罐子，员工如果要喝咖啡或茶饮，就需要往里面放钱。研究人员会在这块公共区域张贴图片，每周都会换一次：第一周是花朵，第二周是眼睛，然后又是不同的花朵，然后又是另一双眼睛，如此往复。结果显示，在张贴眼睛图片的那几周，员工支付咖啡和茶饮的费用比其他几周多出 2.5 倍。

总之，你的眼睛也好，别人的眼睛也好，很多场合中，人们的行为还是需要被盯着，这样肯定不会有错。

▼ 56　勿让情绪波动影响决策

风靡全球的电视剧《欲望都市》中有这样一幕：主角凯莉·布雷肖和她的闺蜜萨曼莎·琼斯走在纽约的大街上，萨曼莎正在向凯莉大吐苦水，解释自己为什么近来特别忧伤。突然间，一瘸一拐的萨曼莎"啊"地大叫一声，凯莉心疼地说："亲爱的，要是太疼，我们还是别去购物了吧？"萨曼莎大声说："我只是脚趾受伤了，精神可好着呢！"

每一年都有数不胜数的消费者为了化解自己的忧伤去血拼。行为科学家詹妮弗·勒纳及其同事进行了调查，探究悲伤等情绪如何深刻地影响购买、销售行为，并提出了一些有趣的见解。

研究人员猜测，悲伤的经历会改变人们的心境，进而可能会改变他们的情绪；对于买卖中的两方，这种改变带来了不同的影响：悲伤的买家可能会比情绪平静的买家支付更高的费用，而悲伤的卖家可能会比情绪平静的卖家提供更低的价格。

在一项实验中，研究人员向两组参与者播放了两个不同的录像，一组参与者被激发出悲伤的情绪，另一组则没有情绪。"悲伤情绪组”的参与者观看了电影《冠军》片段，片中男孩的精神导师最后过世了；这组参与者观影后需要写一段文字，描述自己若处在电影情境中，感受如何。“无情绪组”则观看了关于鱼群的录像，毫无波澜，然后需要写下自己的日常生活作息表。然后，两组参与者都被告知需要参与到另一个独立的研究中。一半参与者每人得到一袋荧光笔，需要设定一个出售价格（卖家）；另外一半参与者需要给出自己愿意购买一袋荧光笔的价格（买家）。

实验结果印证了勒纳及其同事的猜想：悲伤的买家给出的价格要比无情绪买家高出 30%；悲伤的卖家给出的价格要比无情绪卖家低 33%；而且，虽然参与者观看电影之后的情绪被带入到了之后的经济决策中，但是他们竟全然不觉，根本没有发现自己已经受到了之前情绪的深刻影响。

这个研究跟你有什么关系呢？在重大决策之前，在关键谈判之前，甚至在回复态度不好的邮件之前，你都应该辨识自己的情绪状态。假设你即将要和供应商就合同上的财务条款展开谈判，恰好却在此时，因为某些事，你的情绪有些起伏。在这种情况下，即便你觉得自己的决策能力不会受到影响，最好也还是推迟谈判。延后一点儿时间，你的情绪就会稳定一些，从而在谈判中做出更为理性的判断。

无论你的情绪状态如何，在涉及重大利益的决策中，你需要安排一些时间让自己稳定情绪。人们时常为了方便，把会议排在一起，但会议之间一定要有短暂的停歇，尤其是当前一场会议群情亢奋，下一场会议又涉及重大决策，那更要留有空隙，避免让前面的情绪影响后面的谈判。

日常生活中的决策也是如此。你有时会考虑要买些新家具、新家电，或者装修一下房子，甚至想买新房子；有时打算把自己的东西在网上卖掉；这种情况下，一定要稳住，想想自己当下是什么情绪状态，只有在情绪稳定的时候，再去做那些买、卖决定才是正确的选择。

最后，如果我们希望影响别人的决策，那么也要注意别人的情绪。如果有人刚刚获知悲伤的消息，那么这时去说服别人不但不明智，而且也不道德，更不用说故意提起一些悲伤的话题了。例如，“嘿，我听说了你家狗狗的坏消息。哦，对了，这是我提的价格，你看一下。”在这种情况下，人们做的决定往往容易感到后悔，而且不利于与他人建立长久的关系。如果你的谈判对手正在经历负面情绪，那么主动延后你们的谈判，这会更有利于你们的关系，因为这展现出你的慷慨、体贴、明智，这些都是增强说服力过程中最为宝贵的品质。

▼ 57　保持情绪稳定

2002 年，亚洲地区爆发了严重急性呼吸综合征（SARS），引起大范围恐慌，到亚洲旅行的人数急剧下降。其实，SARS 的感染概率微乎其微，更不用说死亡率了。人们对这一事件的反应告诉了我们，令人情绪激动的问题是如何影响人们的决策工作以及决策过程的。

研究人员奚恺元与尤瓦尔·罗腾斯杰克表示，在 SARS 这类事件中，人们的判断力和决策力受到了影响，这并不是因为负面情绪，而是因为事件本身引发了激动情绪，不论好坏。具体而言，两位研究人员认为，因为受到激动情绪的影响，人们对于数字的敏感性降低，而将注意力转移到了事件本身存在与否的判断上。从商业角度解释，就是说这时人们只关心这个“满载情绪”的物品到底供应与否，并不在意与之相关的数字。

为了验证这个想法，研究人员让实验参与者花一点儿时间想象情绪激动的事情或者情绪平淡的事情。然后，这些参与者需要想象自己认识的人正要卖出麦当娜的一套 CD（光盘）。有一半参与者被告知在售的CD有5张，另外一半参与者被告知在售的CD有10张；之后参与者需要汇报自己愿意购买这套CD的最高价格。研究人员发现，“情绪平淡组”的参与者愿意为10张CD支付的价格高于为5张CD支付的价格，这很合理。然而“情绪激动组”的参与者却对CD的数量不太敏感，他们愿意为两套CD支付的价格相差无几。

这项研究结果说明，令人们情绪波动大的经历可能会对人们的决策带来有害影响，例如，让你接受原本不应该接受的提议。假设你正在与原材料的供应商谈判，对方希望你的出价再抬高1万英镑，才能提供你需要的产品数量，而你不愿意多给这1万英镑。供应商又想多赚1万英镑，又不想提供更多原材料，于是表示可以多赠送50套新产品，这应该会让你兴奋不已，可是你没注意1万英镑其实可以购买100套新产品了。上述研究提示，当对方的提议让你情绪激动时，可能你会过高估计了50套新产品的价值，从而答应供应商的提议，做出不利于自己的决定。

那么，如何避免这类因素的影响呢？这些实验结果显示，在谈判之前做一些和数字有关的注意力练习，就能够有效恢复你对数字的敏感性。

当你摆脱可能会影响注意力的各种情绪时，你才能够根据真实的相关信息进行谈判，做出最佳决策。

▼ 58　保证充足的睡眠

一名政治犯曾回顾自己被洗脑的经历时说："你整个人都被击垮了，筋疲力尽，无法控制自己。你连自己 2 分钟之前讲过什么都记不得，感觉自己什么都没有了。这个时候，审判员就主宰了你，无论他说什么，你都会接受。"

他这里提到的是什么方法呢？这对说服又有何启示？

可能这名政治犯受到了不同方式的折磨，但是上文中他描述的方法其实就是"睡眠剥夺"。大家都知道一个人睡得好，他的表现就更好。当我们充分休息之后，注意力会更集中，头脑更清醒，沟通中也更有感染力。但是，社会心理学家丹尼尔·吉尔伯特通过研究提出了他的新观点，也恰好印证了上文的例子：当我们感到疲惫的时候，更容易受到他人欺骗性信息的影响。在一系列的研究中，吉尔伯特找到充分的证据支持这个假设：当听到他人发言时，信息接收人会马上认定这是真实信息，其真实与否根本不重要。在不到一秒的时间内，可能要花上一点儿脑力，信息接收人才能够真正辨识出信息可能有假，从而拒绝。

当牵涉到重要事情时，人们往往准备好了充分的认知精力与动力去排除虚假信息。但是，当人们疲乏时，其认知方面的精力与动力已经消耗殆尽，受骗的可能性就大大增加了。吉尔伯特的研究发现，疲乏导致的结果就是，一个人在拒绝虚假信息发生之前，信息理解过程已经中断了，所以就更有可能相信他人薄弱的论点，甚至是荒谬的谎言。例如，某位经理正在为一份重要的经销合同进行招标，且他此时已经严重缺乏睡眠，而竞标单位的人员大言不惭地说出"我们拥有全球顶尖的经销体系"时，这位经理可能不会过多思考对方说的是真是假，而是会按照其字面意思全盘接受。

让我们更容易被说服的因素不仅是缺觉或者疲乏，研究显示，分心也有相似效果，就算是十分短暂的分心也会使人们更容易受影响。芭芭拉·戴维斯以及埃里克·诺尔斯通过研究发现，当推销员上门售卖圣诞卡片的时候，先用美分（而不是美元）为单位报价，然后又加了一句，"这很便宜！"相比一般的推销过程，这样做会使购买人数翻番。研究还发现，销量上升不仅是因为使用了意料之外的美分做单位，而且后面那句"这很便宜"特别关键，就是这短短的分心使得销售人员传达的信息悄然之间多了一分说服力。

在这个团队的另一项研究中，人们路过露天的烘焙产品销售现场，卖家把杯子蛋糕称为"半熟蛋糕"（对于一般人说是比较陌生的名字），然后又说了句"很美味哦"，结果购买频率显著上升。

那么，我们如何避免被这些负面因素影响呢？显而易见，你要保证充足的睡眠。谁不想多睡一会儿呢？而且这说起来容易，做起来难呀。所以，如果你发现自己已经注意力涣散，或者没睡够，就要远离电视节目了；否则，你很有可能相信，自己需要那台健身自行车——因为你一边运动它就一边出爆米花呢。

如果你刚好有任务在身，譬如说要挑选新的供应商，就要注意你的注意力是否集中，如果你有点儿分心，比如你正在打电话，那么你很可能会轻易相信供应商网站上的信息或者其竞标信息。只有尽可能减少分心的因素，才能够更好地判断对方的信息是否可靠，避免受骗。你可以在工作场所或者家里设置一个“决策区域”。没有分心的因素，没有嘈杂的声音，你就可以专注于手头的任务。如果你不想被狡猾的说服者坑了，接着又被老板炒了，那么在重要关头，你还是应该保持一心一意、全力以赴的工作态度。

▼ 59　咖啡因的神效

尿床，口干，腿不安……现在无论一个人有什么症状，似乎都有药能治。说来你可能会惊讶，有一种药物叫作“1,3,7- 三甲基黄嘌呤”，如果你吃了它，就更易被别人说服；如果你给别人吃了，对方自然更易被你说服。更令人震惊的是，售卖这种药物的“三甲基实验室”现在已经遍布大街小巷。

这种药物的俗名就是咖啡因，“三甲基实验室”俗称“咖啡店”。仅仅一家星巴克集团就在全球 70 个国家拥有 2.4 万间门店，董事长霍华德·舒尔茨曾表示，他的梦想就是让星巴克饮料出现在每一个街角、每一家商场——我们怀疑这话只是一种说服力表现工具。不过，大家应该都知道，可能也亲身经历过，咖啡因确实能提神。但是，它真的能提升说服力吗？

为了回答这一问题，研究人员珀尔·马丁及其同事进行了实验。他们先让所有参与者都喝了一种像橙汁一样的饮料——你知道，叛逆的青少年会在学校晚会上把自己带的“神秘饮品”加入饮料大缸里吧，这次实验人员也在某些橙汁里动了点儿手脚，不过他们可没有弄出橙色的龙舌兰鸡尾酒，而是在饮料里加了咖啡因——大概是两杯浓缩咖啡的量。

喝完橙汁后，所有参与者都要阅读有关某争议性话题的论证段落，其中包含了非常有力的论据。相比喝了纯橙汁的人，喝了咖啡因橙汁的人同意该论证立场的概率高出35%。

这意味着什么呢？午餐的时候，是不是你走到最近的咖啡店里，随便找位顾客，你就能把布鲁克林大桥卖给他？这肯定不可能啦。在另外一项研究中，研究人员进行了测试，对于论据较弱的信息，咖啡因是否还有上述影响。实验结果给出了否定答案。

不过，当你需要面对潜在客户或者同事进行演示时，上述研究确实有不少启示意义。首先，你要考虑演示的时间。假设你要给一名新客户做营销展示，最好不要挑选刚吃完午餐或者晚上的时段。最佳的展示时间应该是一大清早，因为那大概是客户刚喝完早上那杯三甲基的时候。如果你无法选择白天的时间，那么你可以为听众准备咖啡或者咖啡因饮品，这也会让听众更容易接受你的信息。当然了，前提应该是你已经准备好了有理有据的发言，这样一来，说服听众就不成问题！

▼ 60　个性化且不具侵扰性的广告

持久？当然。有力？不然。

这里说得是横幅广告，就是你在浏览社交媒体、在线新闻、八卦专栏时蹦出来的那些广告，那些你自以为可以轻易忽略的广告。这些广告当然不是特别有效，与其说它们有影响力，不如说它们是有点儿烦人吧，对吗？根据数据门户网站 Statista 的显示，这些为了争取你一丝丝注意力的小广告的价格可不是贵，而是相当贵！这一块儿的广告投入费用大约在每年 1500 亿美元——相当于谷歌和微软合起来的年销售额。从费用来看，在线广告市场确实很吃香，有没有效果，那就要用说服力科学来评估了。这比想象中复杂得多。

无论你是用笔记本电脑还是台式电脑或者手机浏览信息，你会以为自己的注意力全都放在了真正感兴趣的事情上。其实，德国科隆大学的社会心理学家凯·卡斯帕等研究人员进行过眼球追踪研究，结果显示，人们的注意力确实主要集中在页面的主体内容上，但这并不是人们全部的注意力。我们的眼球会动，我们无意间就会瞄到其他的带有刺激因素的页面，但事后我们往往想不起来这个细节。

只是短暂扫了一眼这些无足轻重的小广告，或者飞快瞟了一眼广告词，这不足以影响我们的决定或者消费，对吧？并非如此。20世纪60年代，社会心理学家罗伯特·查荣茨提出了心理学中的“多看效应”，即人们会喜好之前看到过的图像。即便看到仅有毫秒，甚至不在意识之内，这个效应依然存在。

在威斯康星大学商学院的方湘主持的研究中，参与者需要在线阅读一篇文章，电脑屏幕上方会显示不同的横幅广告，5秒一换，其中有一则是照相机广告。阅读完成后，参与者需要回答几个和文章相关的问题，然后他们要在展示出的两款照相机中（仅有一款出现在广告中）选择刚刚在网页上看到的那个。没有人记得自己看到了哪款照相机，不过，虽然表面上看，是没看见，但广告中出现的照相机明显更受欢迎，获得了参与者的青睐。而且，当照相机广告的播放频次从5次上升到20次时，参与者对这款照相机的好感也大大增强。

最后一个发现尤其令人意外，之前有很多证据表明，很多广告因为出现次数太多造成了“磨损效应”（即播放次数过多之后对销量已不再有影响），而上文中的实验结果恰恰相反。在为数不多的页面上显示了20次的横幅广告为什么没有遭此厄运？原因在于这些广告并没有得到受众有意识地处理，它们只是作用于受众的潜意识，根本没有打扰到已经信息超载的受众的意识状态。

按照这样的推理，企业在网络宣传的投入上不惜重金也就可以理解了，将来的回报数额应该是只升不降了。

但这也带来了新挑战——既然大家都在网上做广告争夺消费者的潜在注意力，你又怎么确保自己的广告比人家的更有说服力？

第一个方法就是个性化。之前提到过便利贴和薄荷糖的研究，人们分配注意力的时候会考虑到目标物和自己有多大关系。同理，有证据显示，如果在线广告中有个性化的图片出现，就会获得更多的注意力，而且会在人们的记忆中停留更长时间。

在凯·卡斯帕的一项研究中，参与者需要在某新闻网站上阅读一系列时事文章，阅读期间页面会出现各种风格的广告，有的比较中规中矩，有的比较个性化。结果，个性化的广告不仅吸引了更多注意力，在之后的记忆测试中，这类广告中的口号和图像被大家记住和辨认出来的频率更高。

个性化策略的呈现方式有很多，可以是定制产品，可以是带有个人色彩的语言，也可以是迎合群体身份特征的主题。而且，对于在线广告宣传人员来说，人们在上网过程中留下的痕迹也为他们提供了大量信息，使他们能够轻松提供适合目标受众的广告设计方案。

然而，并不是所有个性化信息都能奏效。最有效的个性化信息应该是非侵扰性信息。麻省理工学院的学者凯瑟琳·塔克发现，过度个性化的信息可能会让受众觉得个人隐私受到了侵犯，严重影响了这些广告的有效性。所以，如果某同事提出要设计一个横幅广告，受众本人照片再加上广告语“史蒂夫，这些袜子适合你，马上行动吧！”那么你知道怎么回应同事了吧？

另外，你还需要注意的就是广告出现的位置。多项研究显示，个性化广告比非个性化广告的点击率（即广告被点击次数与广告被显示次数的比值）更高；也有很多研究显示，广告出现的最佳位置就是页面的右边。但是，如果你的广告只能出现在页面的某个角落，那么最好的选择就是页面的左上角和右下角，效果会比页面的右上角和左下角理想很多。

总而言之，如果企业想要抓住潜在消费者的注意力，想要自己的广告在他们的记忆中停留更久一些，那么方法很简单：位置固然重要，个性化而不具侵扰性的元素更会锦上添花。

▼ 21 世纪的“在线说服力”

进入 21 世纪，人们在组织内部与外部的行为发生了变化，主要是以下两个方面的转变影响了说服力。第一，在家庭生活以及几乎所有商业领域中，互联网可谓是无所不在，大大改变了人们日常的交流方式。第二，在工作和商业往来中，大家有更高的概率遇到不同文化背景的人。关于这些剧烈转变的最新研究会为你带来说服力中更为重要的洞见。

◆ 电子通信的影响力

大型无线业务运营商 US Cellular 的总部位于美国中西部地区，同很多通信公司一样，这家公司的业务核心就是信息技术。正因如此，几年前公司颁布的一项规定令人大跌眼镜，虽然这项规定还谈不上愚蠢，但颇有些讽刺意味，那就是 5000 多名员工在每周五不允许用邮件进行交流。

这怎么可能呢？这个时代，职场中的员工高度依赖电子化的交流方式，他们能够迅速、高效、精确地联系到同事，但禁止发邮件就像是让人放着计算器不用，数着手指加脚趾来算数。US Cellular的副总裁杰·埃里森为什么颁布了这项规定？难道说高管层如此卑鄙，想让员工多用手机打电话、多交些话费，在短期之内刺激公司盈利？

其实不然。埃里森本人每天被无数邮件狂轰滥炸，他感觉到，这些无穷无尽的电子信息流毫无人情味，可能已经对团队合作和公司生产效率造成了负面影响。美国广播公司新闻网站报道，埃里森在发给员工的信息中说，“去和你的团队面对面交流；拿起电话，拨一个号码……我期待着，不是通过邮件获取你们的信息，而是在大家愿意的情况下随时去探访、去倾听。”新闻报道中提到了规定实施之后的惊人效果，例如，公司有两位同事之前从未会面，仅仅是通过邮件交流，之后在不得不使用电话交流的情况下，他们发现各自部门的办公地点可不是天南地北，而是仅仅隔了一条走廊！

在此之后，他们时常会面交流，进一步深化了两人的关系。

虽然，适应这个措施确实要花上一些时间，但是US Cellular内部一致认为这项规定所带来的影响非同凡响，它时刻提醒着大家，亲身参与人际交往对于增强彼此的关系至关重要。但是，这个案例只是说到了电子化交流如何影响了职场上的人际关系，而电子化往来对于说服力又有什么影响呢？

就拿谈判来说吧，网络上进行谈判与面对面进行谈判会有什么不同呢？现在，当面谈判或者电话谈判早就不是唯一的选择了，大至几十亿美元的合同商谈，小至公司聚会选哪种口味的比萨，你都可以在网上完成。

虽然互联网时常被称作“信息高速公路”，但是谈判各方没有现实世界的接触，这似乎不是通向成功的大道，反倒更像是路障吧？为了验证这个猜想，社会科学家迈克尔·莫里斯及其同事进行了一项研究，他们让工商管理硕士（MBA）在读学生展开谈判，以直接会面和邮件交流两种不同方式进行。研究人员发现，通过邮件进行谈判时，谈判人员往往不会交流一些有助于建立友好关系的信息，最终的谈判结果不尽人意。

行为学研究人员唐·摩尔及其同事认为，我们可以通过简单的窍门解决这个棘手问题：在谈判之前，谈判人员可以进行某些形式的自我揭露，也就是说，他们能够就与谈判无关的话题在线闲聊一会儿，从而对彼此有一些了解，这种方式的沟通效果是否会不一样呢？为了检验这个想法，研究人员召集了美国两所顶尖商学院的学生参加实验，给他们分配成“一对一”小组，然后通过邮件进行谈判。其中部分参与者只需要直接谈判，而另外一部分参与者会看到谈判对手的照片，简短的个人信息（例如本科院校、个人爱好等），然后还需要在谈判之前通过邮件跟对方认识一下。

实验结果显示，在没有获得个人信息的参与者中，29% 的谈判小组都没有达成协议；而那些获得了个人信息的参与者，仅有 6% 的谈判小组陷入僵局。从另一个角度衡量谈判效果，研究人员发现，在达成协议的小组中，“个性化”谈判类型的合作成果，也就是双方能够通过协议获取的合作金额，比“非个性化”谈判类型要丰厚，合作金额的总价值高出 18%。因此，花点儿时间了解你的谈判对手，也让对方获知一些有关你的信息，这样就有可能为你们双方创造出更大的收益。

这些实验说明了电子通信对于谈判的影响。那么，在一般的交流中呢？当人们试图在某个话题上改变他人的观点时，当面交流与电子通信又有什么区别？本书的一位作者参与到了罗萨纳·瓜达格诺主持的实验中，尝试解答这一问题。实验参与者被告知需要接受关于大学校园话题的“一对一”访谈，部分访谈通过电子邮件进行，部分访谈以面对面的形式进行，不过实验参与者并不知道访谈的另一方其实是研究助理。在访谈中，研究助理按照提前准备好的论据尝试说服受访者。讨论的话题是：大学是否应该颁布毕业资格综合考试政策。也就是说，本科生只有通过了一系列涵盖各种科目的复杂测试，才能最终获得学位。这里需要特别说明，无论什么话题，要让大学生们达成一致意见可不是易事，不过在毕业考试这个问题上，他们的立场可是高度统一。你问大学生，是否支持以综合考试方式进行毕业资格审核，这无异于问他们是否支持将饮酒年龄限制在 25 岁以上。总之，除非你遇到书呆子，在这些问题上，很少有学生会点头。不出所料，在访谈开始时，几乎所有学生都表示反对举行毕业资格综合考试；但是随着访谈继续进行，他们的立场其实是可以改变的。那么，当面传递或是电邮传递这些说服性的信息对最终结果的影响有没有什么不同呢？

答案取决于访谈者的性别。与男性相比，女性更容易与同性朋辈建立亲密关系，当面的交流对这个过程更为有利。我们预测，与同性朋辈互动时，面对面交流比电邮交流更容易让女性被说服，而两种交流方式对于说服男性的效果差别不大。实验也印证了我们的猜想：当女性见面交流的时候，更容易被说服；而无论是电邮还是面对面的方式，男性被说服的概率没有显著差别。遗憾的是，我们没有检验男女配对后的说服力效果，不过，上述实验本身也难以完成这个任务，异性之间的说服力估计还要再写一本书才能讲清楚。

到目前为止，我们讨论了电子通信在建立与维系人际关系方面可能是一个重大障碍。此外，电子通信对说服力还有另一个负面影响：产生误解的概率上升。当信息受众误解了你的信息，或者误解了信息背后的含义时，无论你动用了多么强大的说服力策略也都是白费力气。

行为科学家贾斯廷·克鲁格及其同事进行了实验，解释为什么电子邮件容易带来误解。研究人员认为，声调变化、肢体语言（即邮件中缺失的非语言因素），通常是交流中重要的信息来源，尤其是在文字信息比较模糊的时候就更显关键。假设你向同事就供应商合同的问题回邮，可能会写一句“那确实是重中之重”。你也许认真严肃，但因为你之前拒绝着重关注供应商合同，所以同事可能会把回邮中的这句话当作讽刺。如果能够当面跟同事说出这句话，那么你的语气、表情、肢体语言就能够让他确信你是认真的。单单是这一点就能说明电子邮件交流容易出问题。但是，克鲁格及其同事还认为，发件人往往意识不到信息中可能产生误解，这让电邮交流更有风险。发件人自己写的信息自己当然能够明白，所以就理所当然地认为收件人看到信息也会明白。

研究人员进行了多个实验验证这些猜想。在其中一个实验中，参与者两两配对，一个信息发出人，一个信息接收人。信息发出人需要发送数条信息，分别清晰地传递出不同情感：讽刺，严肃，愤怒，悲伤；参与者被随机分为三大组，每一组传递信息的媒介各不相同，分别是电邮、声音与会面；每条信息传递之后，信息接收人需要猜测其中的语气；另外，在交流开始前，信息发出人还要预测他们的受众是否能准确猜中其中的语气。

实验结果显示，所有组别中的信息发出人都高估了接收人对于信息的理解，不过最大的估测误差出现在使用邮件的大组中。先不论传递信息的媒介，信息发出人认为接收人猜中信息语气的概率在 89% 左右。但实际上，声音组与会面组中，猜中概率为 74%，邮件组仅为 63%。这个结果说明，在书面信息的交流中，由于信息接收人无法听到信息发出人的声调变化，所以更难准确理解信息的内容。

可能你觉得这样的实验结果并不出人意料，因为参与实验的人之间往往互不相识、缺乏了解。如果是亲密的朋友，那么在解读邮件语气时应该会更准确吧？研究人员也考虑到了这一点，但是实验的结果大同小异，关系亲密的伙伴在很多时候也无法充分解读彼此的书面信息。所以啊，好朋友要是说自己很了解你，就像读透一本书，那你可不要轻信。除非，你是本有声书，或者是部电视剧剧本。

那么，在传递信息的时候要如何应对这个问题呢？也许你可以使用表情符号，就是那些表示不同情绪的小圆脸图片或者标记（譬如这个 :-() ）。但是，你看看前面那句话加入的表情，它到底想表示什么呢，表情符号有时候会直接融入信息之中，从另一方面影响信息的表达，导致理解有困难。因此，干脆别用电子邮件了，只用电话交流或直接面谈吧。像 US Cellular 那样一周一次倒是不成问题，但所有交流都采用这种方式，估计大家也没有那么多时间和精力呀。

想要找到解决方法，还得回到误解产生的关键心理因素上。前文中提到，信息发出人当然知道自己想传递什么信息，但是他们往往不会从信息接收人的角度去考虑信息内容。根据这个逻辑，研究人员又进行了一项实验，看看信息发出人在估测信息接收人理解信息内容方面，是否能够摆脱过分自信的心态。这个实验与之前的“猜语气”实验基本相同，只做了几个调整：第一，所有的参与者只通过邮件交流；第二，部分信息发出人会得到提示，思考自己传递的信息是否会被误解。研究人员发现，得到提示的参与者能够更加准确地预测接收人猜测语气的结果。

基于实验结果，如何提高电子通信中的效率，提升“在线说服力”呢？在重要问题上发送邮件时，你不妨多花一点儿时间，想想接收人可能会对信息中哪些部分产生不同的理解，能否转换表达，让这些信息的意义更清晰。换句话说，你在点击“发送”之前，是不是常用“拼写检查”“语法检查”功能？顺便再加上“换位思考”吧，这会让他人更好地理解你的信息。比尔·盖茨先生，如果您正读到这部分信息，那就不好意思啦，这个专利我们正在申请啦。

最后，我们还要提醒一点，即便信息接收人能够充分理解你的信息，也不意味着他们会答应你的请求，或者按照你的意愿来帮忙。有一次，某位医生朋友想去参加婚礼，但是找不到人替班。开始确实有点儿让人想不通，毕竟他人缘不错，颇受大家尊重，而且据我们所知，他之前也曾为好几个同事替班。不过，当我们了解到他请求帮忙的方式之后，问题浮出水面了：他群发了请求帮忙的邮件，也就是说，所有收件人都看到了邮件中其他收件人的名字。

这个方法的问题在于产生了“责任扩散效应”。收到群发的邮件后，这些同事都知道还有很多人也被问及能否帮忙，自己也就没有去帮忙的强烈责任感，反而认为群发名单中的其他人可能已经去救场了。社会心理学家约翰·达利与比布·拉纳通过实验提供了“责任扩散效应”的经典案例。实验场景中，某位学生扮演癫痫发作的病人，只有一位旁观者的时候，得到救助的概率为85%；当周围有5位旁观者时（他们分别在独立房间内，每人都无法确定“发作病人”是否得到了帮助），得到救助的概率竟然只有31%了。

回到医生朋友的故事中，有什么方法可以增加他得到替班帮助的概率呢？当时他应该先挑选最有可能答应请求的人，大概就是那些之前他帮忙替过班的同事了。要么当面询问，要么单独发邮件请求帮忙。如果因为某些原因用不了这两个办法，他就应该在邮件中隐藏群发名单，这样至少收件人不清楚他到底向多少人求助了，就弱化了“责任扩散效应”。

我们讨论了电子邮件和传统交流方法如何影响人们的沟通和说服力。那么“在线说服力”还有没有什么其他值得注意的地方？心理学研究人员对于如何设计商业网站有什么建议吗？我们看看下面这个故事。

设想一下，读完这本书后，你决定要再买两本甚至更多本，一本放在家里，一本放在办公室，一本放在汽车储物箱以防紧急之用。

在书店里，你从书架上拿下两本书，准备到前台结账，突然，书店员工把你拦下了：“你确定要在这里买吗？我们的价格确实还不错，不过这条街往前还有一家书店，比我们还便宜15%。你要是想去，我给你画张图告诉你怎么走。”面对这样的客户服务，你估计在想，这家书店是怎么开到今天的？

上面的例子看起来荒谬，但确实有企业采用了这种看似“自毁前程”的策略，例如美国第三大汽车保险公司——美国前进汽车保险公司（Progressive）。这家企业剑走偏锋、独辟蹊径的创新工作思维总让其引以为傲。譬如，早在1995年，他们就建立了网站，在大型保险公司中创下先例；一年之后，在网上搜寻保费信息的车主不但可以从前进公司的网站上看到本公司的保费费率，还可以得到其他几大车险公司的保费信息。现在，公司网站的主页上还有一个“费率显示栏”，滚动显示网站访客最新获取过的费率比对信息。前进公司虽然有很多险种的保费费率在市场中有竞争优势，但总是有一些例外。就在一分钟前，我们还浏览了这个网站，信息栏中显示，如果威斯康星州（简称为 C.M.）的客户为其丰田车投保，那么买前进公司某竞争对手的保险能够每年节省 942 美元。

前进公司通过这一策略得到的结果到底是招财进宝还是自取灭亡呢？自从落实这项措施后，公司的增长率为年均 17%，年保险费从 34 亿美元上升至 140 亿美元，可谓收获颇丰啊。瓦莱丽·特里夫茨与杰拉德·郝珀的研究也许能够解释个中原因。

在实验中，特里夫茨与郝珀告诉实验参与者，他们所在的大学要选择与一家在线图书零售商建立合作关系，参与者需要上网搜索固定书单上的书籍，比较不同网上书店的报价，然后确定合作的网上书店。参与者只需要以一家网上书店为核心进行调查，部分参与者调查的核心网上书店网站上，不仅给出了本店的书籍报价，也给出了其他几家网上书店的报价；另一部分参与者调查的核心网上书店则没有给出价格对比。网上书店的市场定位也有不同，部分参与者看到的核心网上书店的书籍均价较低，部分参与者看到的核心网上书店的书籍均价较高。

实验结果是否支持前进公司的经营理念呢？基本是支持的，需要注意的就是市场定位这个关键因素。当前进公司这类零售商的产品价格明显低于或者高于竞争对手时，是否提供价格对比并不影响其业绩。但是，当公司某些特定产品的价格高于竞争对手产品的价格，某些特定产品的价格又低于竞争对手产品的价格时（这也是现实世界中大部分企业的实际情况），提供价格对比确实颇有影响：在这类情况中，参与者表示更愿意在“前进公司”型的企业消费，一是因为参与者对这类公司更加信任，我们在本书前文中讨论道，不太诚实的个人或者组织极少会站在自己利益的对立面考虑问题；另外，只在一个地方就能看到价格对比，节省了时间和精力，当然更得参与者青睐。

总之，回到前文那个书店的场景中，上述研究中的结果——以及前进公司时至今日的出色表现——显示，给消费者提供竞争对手的价格，某些时候也许会失去消费者，但纵观价格战全局，必定能赢得胜利。

关于在线价格比较的研究说明，企业网站精心设计的某些功能可能会让潜在消费者变成自己的客户。那网页上不太明显的部分也会影响消费者行为吗？譬如，网页的背景图片能否把潜在消费者从“看客”变成“顾客”？

消费者行为研究人员娜奥米·曼德尔与埃里克·约翰逊通过数项实验给出了肯定答案。在其中一项实验中，参与者会访问研究人员设计的虚拟网站，在一个网页上的两套沙发中二选一。根据网页上的信息，其中一套沙发非常舒适，但价格昂贵；另外一套沙发舒适度一般，但价格实惠。研究人员设计了不同的网页背景图，检验这是否会改变参与者的购买意向。追求经济实惠？还是追求品质舒适？在背景图片上，研究人员参考了之前的一项研究成果，向参与者展示了沙发广告，部分参与者看到的广告背景为绿色底色加上美分硬币图案，部分参与者看到的广告为蓝色底色加上朵朵白云；之后，参与者要写下自己在购买沙发时着重考虑的因素。结果，看到美分背景图的参与者更倾向于把成本作为重要因素，而看到白云背景图的参与者更着重考虑舒适度。

根据这一前期研究发现，曼德尔与约翰逊猜测，当参与者在网站上选购沙发时，如果网页呈现了白云背景图，那么参与者购买舒适（也更昂贵）沙发的概率更高。同理，如果网页呈现了美分背景图，购买实惠沙发的可能性更高。实验结果印证了研究人员的猜想，而且，这个分析不仅适用于一种商品。再举一例：当在线购车的网页背景是红色与橙色为基底，类似于汽车冲撞后燃烧的颜色，参与者往往会选择更加安全（也更加昂贵）的车型，而不是安全系数较低（但价格实惠）的车型。

还有一点值得注意，上述的那些暗示对于人们的影响看似微不足道，但其实影响颇深。比如说，实验中几乎所有的参与者都认为，网页的背景图片不会影响自己的选择；然而，他们自己的想法显然没有反映事实。研究中最重要的启示应该是，公司网页的某些部分（例如背景图片）对消费的影响可能远远大于你的想象。因此，这些图片的选择应该经过深思熟虑，要根据产品或者服务的优势来进行设计挑选。换言之，图片选择需谨慎，这样才能把产品优势真正展现在消费者的眼前。

◆ 全球影响力

在世界上的不同地方，人们说的“是”各不相同。这意味着让对方说“是”的策略也因为其文化背景不同而各有差异吗？还是说有放之四海而皆准的方法呢?

社会影响力的基本原则以及本书中讨论到的种种策略在各种文化中都能起到有力的说服作用,但是近期研究显示,说服对象的文化背景不同,说服策略也应该有微妙差异。从本质上说,这些差异来源于文化习俗与传统的差别,因而导致不同社会环境的人群在说服力信息上也会有不同的侧重点。

迈克尔·莫里斯及其同事在研究中调查了花旗银行的员工。花旗银行是全球规模最大的跨国企业之一,研究人员给其中 4 个国家的员工发放了问卷,分别是美国、德国、西班牙和中国(香港地区),并询问他们当同事发出了协助任务的请求时,他们主动答应的意愿有多强烈。虽然影响受访者考虑的因素大都相同,但不同因素在不同国家的轻重程度有所差异。

例如,在美国的员工中,互惠互利有显著的影响,他们会问:"这个人为我做过什么?"如果他们还欠请求者一个人情,就会感到有主动帮忙的责任。德国员工更倾向于思考请求是否符合组织内部的规则,他们考虑是否答应请求时会问:"按照规章制度,我应不应该协助这位同事?"西班牙员工则更看重友谊原则,无论岗位或地位,忠诚于朋友是最重要的因素,他们会问:"这位请求者是否与我的朋友有关?"中国员工主要受到权威的影响,忠诚于团队中的领导者,他们会问:"这位请求者是否和我的团队中的人有关,尤其是团队领导?"

莫里斯及其同事指出,上述调查有几大重要的实际应用。第一,当企业要将某个文化背景中的举措、方针或者组织结构传递到另一个文化背景中时,一定要对新文化中的规范保持高度敏感,否则，在某个地方运转顺畅的机制，到了另一个地方也许会变得漏洞百出、寸步难行。

第二，从某个文化背景中被派遣到另一文化背景中的管理人员，也需要调整策略以获得他人的服从。例如，如果管理人员从德国慕尼黑调派到西班牙马德里，他就会发现与他人建立朋友关系是得到遵从的重要因素；如果他是从马德里调派到慕尼黑，他就会发现违背组织的正式规则请求（例如要求某位同事跳过某文书环节），这在原来的文化中十分常见，却在新的文化环境中难以得到认同。

上述花旗银行案例中的 4 种不同文化在多个心理维度上都有区别，社会影响力科学家关注到了其中一个重要维度——“个人主义 - 集体主义”对说服过程的影响。简单来说，个人主义就是以个人的选择及权利为先；集体主义就是以集体的选择及权利为先。这里的解释可能简化过度，但通俗表达可以概括为个人主义文化就是更加关注“我”，而集体主义文化更加关注“我们”。美国、英国等西方国家比较倾向于个人主义文化，而在全球其他地方，包括全球商业伙伴关系生机勃勃的地区，比如亚洲、南美、非洲、东欧等地则更倾向于集体主义文化。

研究人员韩相弼与莎伦·沙维特决定探究市场环境中不同文化倾向对于说服力的影响。他们预测，在集体主义文化中，让消费者关注到产品对于其集体的益处（朋友，家庭，同事）的广告，相较于让消费者关注产品对个人益处的广告，前者有更强大的说服力；对于适用于多人的产品，例如空调、牙膏等，更是如此。

两位研究人员希望寻找到切实的根据以支持这一想法。他们在韩国和美国挑选了风格相似、传播度相当的两家杂志，然后随机选择了杂志中的广告，邀请相应语言的母语者及双语者对广告内容进行测评，衡量广告主要是强调对受众个人的好处还是强调对受众所在群体的好处。研究人员发现，相较于韩国杂志的广告，美国杂志的广告确实更强调产品对于个人的好处，在群体共享的产品上，其相差幅度更为显著。美国的广告往往会迎合受众的个性（例如，“独一无二的艺术”）、自我提升动力（例如，“你，只会更好”）以及个人目标（例如，“面貌焕然一新，我有我的新角色”）；韩国的广告则会更加重视受众的群体责任感（例如,“供养家庭更快乐的方式”）、群体提升动力（例如，“全民梦想的繁荣世界”）以及群体意见（例如，“我的家庭也会喜欢这套家居设计”）。

上述实验表明，因为消费者所在社会的文化取向不同，广告内在的说服性信息也各有其针对性。接下来，两位研究人员想要探讨心理层面上更重要的问题：集体主义信息与个人主义信息在相应的文化中真的具有更强的说服力吗？我们在序言中讨论到，市场宣传人员认为有效的办法不一定经得住考验。为了解开疑问，韩与沙维特针对各种各样的产品分别设计了两个版本的广告——个人主义版与集体主义版。譬如，某品牌口香糖的个人主义版广告为，“享受口气清新的体验”，信息中提到口气清新的益处只是针对消费者个人。然而我们都知道，口气并不只是个人问题，它很多时候都会影响到周围的人。那么这个产品的集体主义版广告就是，“分享口气清新的体验”。（针对美国参与者与韩国参与者，广告分别为英语和韩语。）

实验结果显示，集体主义版广告对于韩国参与者的说服力更显著，而个人主义版广告对于美国参与者的说服力更显著。与前面实验相一致的情况是，将这一策略运用到群体共享的产品上，对受众影响的差别尤为明显。市场宣传人员可得谨慎思考一下了，面对不同的国家，“一刀切”的广告宣传真的可行吗？广告宣传活动应该根据当地社会的文化取向进行调整，全国上下的清新口气也许都有赖于此呢。

韩与沙维特的研究说明，崇尚个人主义文化的人们会更加重视个人经历，而崇尚集体主义文化的人们会更加注重自身所在群体的经历。这些文化差异是否会影响人们对于社会影响力基本原则的考量呢？

为了探讨这个问题，我们先来谈一个案例。探讨个人主义文化中的个人取向，以下案例可以说是典型中的典型：个人主义文化最为显著的国家——美国，个人主义色彩最为浓烈的运动——高尔夫，这里要谈到的是美国传奇高尔夫球运动员杰克·尼克劳斯。2005 年 3 月，尼克劳斯的孙子意外逝世，悲痛欲绝的老人家在几天后的访谈中明确表示，自己参加 2005 年大师赛（高尔夫球界四大赛事之一）的概率微乎其微。但令人意外的是，他仍表示会参加不久之后的另外两场高尔夫球赛事。是什么强大的因素让经历悲痛的他决定继续参加之后的比赛呢？

原来，在孙子意外发生之前，尼克劳斯就已经承诺参加那两项比赛了。他说道，“许下承诺，就要履行承诺。”前文中讨论到，与自己的承诺保持一致是影响人们行为的强大动力。但是，这样的动力在所有文化中都一样吗？如果其他条件不变，那么在上文描述的情境中，来自不同文化背景的高尔夫球运动员也会受到自己承诺的强烈约束吗？

为了之后能更好地理解上述问题的答案，这里先来看一项由佩蒂亚·佩特洛娃主持的研究，史蒂芬·希尔斯以及一位作者也参与其中。在实验中，美国本土学生以及亚洲的留学生都收到了邮件，请求他们完成某项在线调查；一个月之后，他们再次收到邮件，请求完成与之前内容相关的另一项调查，邮件中也说明了这次调查的时间将是上次的两倍。

那实验结果是什么？首先，美国本土学生完成第一次调查的比例较低；但是完成第一次调查之后，再次完成调查的美国学生比例较高（22%），亚洲学生的比例较低（10%）。换言之，完成初次请求对美国实验参与者是否完成第二次请求带来了更大的影响。

为什么呢？这里又要引出一位作者与其同事进行的另一项研究。研究人员邀请美国学生无偿参与一个市场调查，影响他们决策的更重要的因素是自己以往对这类请求的回应，即他们以往的承诺，而不是同辈以往在这方面的回应。但是在波兰这种集体主义文化更为浓厚的国家，做出回应的影响因素正好与前面相反，学生的同辈群体如果在之前做过相似的事情，对这位学生当前是否答应请求的影响更为明显。

这些研究结果反映了个人主义与集体主义的文化差异。处于个人主义文化中的人会更多地考虑个人经历，与自己之前的经历保持一致是决定是否行动的重要因素。处于集体主义文化中的人会更多地考虑相近人士的经历，他人的行为往往是决定自己行动的重要因素。这意味着什么呢？当你向英国人、美国人或者加拿大人请求帮忙时，如果指出这与其之前的行为相一致，那么你获得帮忙的概率会更大。

举个具体的例子。假设你的公司与东欧某公司已经顺利合作多年，在这期间，你时常会让东欧的合作伙伴帮忙提供最新的市场营销信息。你的主要联络人斯莱维克及其同事总是不辞劳苦为你效劳。现在你又需要最新的消息，在电话中你说道："斯莱维克，你一直以来都非常支持我的工作，希望这次你也能够给我提供最新的信息。"这时，你可能就犯了一个错误。上述研究的结果显示，如果换成"斯莱维克，你和你的同事一直以来都非常支持我的工作，希望这一次你们也能给我提供最新的信息"，那么你获得支持的成功概率可能会更大。西欧和北美的人士一不小心就会犯这个错误，因为他们认为所有人的行为都是依据个人的言行一致性而展开——也就是根据自己之前的行为进行决策。但是，上述研究表明，在集体主义文化盛行的国家中，个人行为的前后一致性并没有社会认同原则影响深重，即个人会根据自己所在群体之前的行为来进行决策。

集体主义文化与个人主义文化中的人群在交流的两个核心功能上也有不同的权重。交流的第一项核心功能就是信息传递：我们在交流中把信息传递给他人。第二项核心功能也许不太明显——人际交往，在交流的时候，我们与他人的关系会得到建立与维系。在所有文化中，两个功能非常重要，但是研究人员宫本友利以及诺伯特·施瓦茨认为，个人主义文化中更加注重信息功能，而集体主义文化中更加注重交际功能。

这一文化差异对于很多和沟通交流相关的问题都有重要意义。两位研究人员主要探究了日常生活与工作中极为常见的交流场景——电话留言。研究人员猜测，日本人倾向于集体主义思维，更加关注与他人建立联系，因此在电话答录机中进行复杂的请求会比较困难。因为，相较于美国人，日本人更加关注他们的交流有没有影响与信息接收人之间的关系，如果传递信息时，没有获取对方的反馈，就会造成更显著的心理疲劳。为了验证这一猜想，宫本与施瓦茨让美国与日本的实验参与者都使用电话答录机以自己的母语留言，并提出较为详细的请求。美国的参与者开门见山，一针见血指出了请求的核心内容，而日本参与者的留言花了更长的时间，更关心留言会给自己与信息接收人带来何种影响。

研究人员也调查了日本人与美国人在答录机方面的使用经历。在打电话时，如果对方电话接入到了答录机，那么有 50% 的美国受访者表示会挂断，而日本受访者表示会挂断的比例高达 85%。受访者不喜欢答录机的原因也与上一项实验中研究人员的诠释相一致：日本受访者倾向于列举人际关系方面的原因，例如，“答录机里的话听起来总是冷冰冰”；美国受访者倾向于列举信息传递方面的原因，例如，“有时候人们并不查询答录机里的信息”。

这些研究对于职场中人，有哪些影响与启示呢？在本部分的讨论中，人际关系一直都是说服过程的关键因素，而对于崇尚集体主义的人们更是如此。当给他人留言时，个人主义取向的人可能只关注到信息传递的效率，而忽略了与信息接收人之间的关系。上述研究表明，与集体主义文化中的人打交道，一定要关注这其中的人际关系，尤其要关注你们真正的共同特点。

这个道理同样适用于对话交流。有研究显示，相较于美国人，日本人在倾听的时候会给出更多的反馈（例如，“我知道了”“是的”）。宫本以及施瓦茨认为，日本人在与美国人谈话的时候，可能就会觉得无异于在跟答录机对话。这个想法刚好与另外一个调查内容相一致，受访的日本参与者表示自己不喜欢答录机，因为“在对方没有回应的情况下说话也比较困难。”这些研究结果显示，与崇尚集体主义文化的人交流，对话中应该给予对方及时反馈，让对方知道你不但重视对话中传递的信息，也重视与对方的关系。

研究结果也给我们敲响了警钟，“这个电话就转进答录机好了”可能是一个危险的决定，当致电人崇尚集体主义文化，那更是如此。你可能以为最多就是个“电话捉迷藏”，殊不知这很快就会变成自己一个人的游戏了。

▼ 诚信至上是关键

本书描述了各种各样的社会影响力策略，作者又将之称为“说服力百宝箱里的工具”，以供在各种情况中发挥作用：与他人建立诚挚的友谊，突出留言、倡议、产品的重点，创造有利各方的合作成果等。但是，这些策略如果用于不道德的目的，就成了武器。违背事实与诚信，并以此应用社会影响力原则，可能会有短期收益，但从长远看，得不偿失。就算短期之内，企业违背事实与诚信的说服力策略成功使某些人相信了错误的论点，或者购买了残次产品，但这些欺诈行为一旦曝光，企业必然会信誉尽毁。

我们不仅不应该违背诚信使用这些工具，而且变相利用这些工具谋取个人利益也潜藏着巨大的危害。2000 年春天，英国陷入危机之中，全国大大小小的企业苦不堪言，学校罢课，商店冷清，公共服务部门即将陷入瘫痪。到底发生了什么呢？没汽油了。准确来说，汽油还有很多，只是加油站的供应断了。这主要是因为油价上涨，愤慨的抗议队伍围堵了多个炼油厂导致汽油供应中断。

汽油短缺立马产生了不小的影响。成千上万的车主在加油站排起了长队，等待着汽油供应。短缺现象越来越严重，车主的行为也发生了变化。地方报纸、全国报社、广播电台、新闻频道等报道了数不胜数的故事：车主先在某个车站排队，加了油，然后再开几公里到另一个车站，再排队，再把油箱加满；还有车主直接把车停在加油站前过夜，满心期望如果有运油车冲破了抗议队伍的封锁，他们就可以成为最先加油的人。这就是短缺原则的力量。

在短缺危机的高峰，某家加油站老板回应了需求迫切的汽油供应，而且他刚好是方圆几百米之内唯一一家能够继续供应汽油的油站，消息不胫而走。看到排起的长队，这位老板认识到了自家加油站的独特地位，作为以利当头的商人，他做出了意料之中的决定：抬高油价。但是，这个加价有些离谱，他将汽油价格提高至每升 6 英镑，相当于原来的 10 倍之多！

急需汽油的车主们愤怒不已，但他们有没有一致拒绝这漫天要价的汽油呢？并没有。虽然他们很生气，但还是依旧排队等待加油，能加多少是多少。几个小时之后，加油站的汽油卖得一滴不剩，老板在那一天赚的钱相当于平时两个星期的总额。

但是，两个星期之后，汽油短缺危机结束了，加油站尝到了恶果。这个加油站老板之前利用了汽油短缺的危机，迫使车主们支付了高昂的油价，在短期之内获得了大笔收益，之后可要面对满盘皆输的结局了。危机结束后，人们开始抵制他的加油站，有些人还特意告知朋友、邻居和同事这个老板的行径。最终，加油站不再有人光顾，这个名誉扫地的老板不久之后只得关门大吉。这再一次印证了众多研究分析：一个人的所作所为如果没有诚信礼仪可讲，那么他就不可能再赢得公众的信任。

如果这位加油站老板认真考虑过社会影响力宝箱里的各个工具，应该能够发现其实有更好的选择——有利于长远发展的选择。首先，他可以确保汽油主要供应给本地的客户以及熟客，明确表示他这么做是因为非常珍视顾客的忠诚度。或者，他可以张贴公告，表示不会在危机时期敲诈任何一位车主；这与其利益（至少是短期利益）相悖，但他也由此在车主心中树立了亲和、慷慨、可信的形象，这在将来必定会让其获益匪浅。即便他什么都不做，油价也是市场水平，危机结束后，消费者可能也还是愿意在其加油站多多消费，感激他没有在危机之中“趁火打劫”。

当然，加油站老板的行为也可以理解。

有的时候，我们希望去影响他人，结果对方却在快节奏的生活中仓促做了决定。说服者也会面临类似的困境，有的时候，脑海中迅速出现的第一个影响力策略并不一定符合道德规范。这个时候，需要多花点儿精力考量所有可行的选择，把百宝箱用起来，以真诚而长远的策略说服他人接受你的观点、产品或者提议。同时，作为讲道德的说服者自然也可以放心，因为社会影响力应该是工具，非要用做武器的人，最终只会自食其果。

◆ 说服的力量

本书从科学的角度讨论了影响力作用过程中的各种见解。作者慎之又慎，确保本书中提供的影响力策略必定经过严格对照实验的检验，以示成效。我们不希望凭借直观感受或者个人经历提出建议，而是依靠社会影响力与说服力的庞大科研工作提供支撑。所以，读者可以不再单凭直觉和经历影响他人，因为有科学的力量支撑着你。

时常有朋友向作者汇报自己运用说服力科学的经历，他们来自不同的领域，或是在跨国公司、政府部门、教育行业工作的人，或是个体经营者，或是纯粹对影响力与说服力科学倍感兴趣的人。以下是部分朋友的反馈，他们以符合道德准则的方式运用说服力策略之后，取得了不错的效果。

● 尼克·蒲柏，博士伦眼镜公司销售培训主管（欧洲，中东，非洲地区）

我们与客户建立并发展关系的方式之一就是邀请他们参加教育类展示会议。现在，我们的客户收到了各种公司的会议、研究邀请，眼花缭乱，也难怪他们有时候答应出席我方某项活动但最后却失约。这可能会对我们的经营造成严重影响。

于是，我们利用了承诺和一致原则，在邀请客户参加重要会议之前，先让对方做以下两件事：

①提出个人感兴趣的某一主题；

②就这一主题提出自己关心的问题。

当客户收到邀请函的时候，我们会明确表示活动中的嘉宾和专家会回答上述提出的部分问题。客户期待自己的问题在公开活动中得到回应（他们本身也是主动提出了这些问题），这使得他们最终参加活动的概率大大提升。

● 丹·诺里斯，霍尔特发展服务公司培训部主管，美国得克萨斯州圣安东尼奥市

在体育联盟职业队伍中，回馈赠品是一大特色。针织帽，T恤，免费球票等，许多队伍都会通过这些礼品吸引球迷。我们公司的股东拥有几支球队，其中包括一个小联盟的冰球俱乐部。

因为有段时间门票销量一直不理想，我方不得不通知持有季票的球迷，赠品发放会减少。之前我们就计划将球迷分成几拨来告知这一消息。第一拨球迷得知消息后给出了负面回应，他们认为赠品是应得的，不是礼物；也就是说他们的注意力都集中到失去自己期待之中的东西，这是我方的无心之过。这次会面情况很糟糕，大家不欢而散。

之后，我方开会讨论了不同的策略，思考了一下能否通过互惠原则来更有效地传递信息。在后一次会面中，我们先让球迷说说过去几年中收到的赠品，大家很快给出了各种答案，运动衫、门票、签名的球棒等。然后，我们说道："很高兴能够在过去给大家提供这么多礼物，我们也非常乐意保持这样的传统。但是，最近的门票销售一直下跌，提供赠品可能会比较困难。不知道我们可以做什么其他努力让大家继续支持球队比赛呢？"这拨球迷的反应和上一拨截然不同，他们开始商量如何让更多朋友和家人来看比赛，有的球迷表示："你们为球迷做了很多，这回让我们尽一些绵薄之力吧。"

● 约翰·费舍尔，英国普雷斯顿市

我的妻子之前经营了一家专门定做童装的店铺。刚开始，她只提供为数不多的款式与面料。生意大有起色之后，她希望吸引更多新客户，于是决定拓宽风格款式，还增添了面料和花样。我们发现，选择越多时，人们的消费反倒越少。可能很多人都会以为选择丰富是一件好事，好在我的妻子终于明白，给顾客提供的选择越多，做成生意的可能性就越小。

● 布莱恩·阿赫恩，州立汽车保险公司，美国俄亥俄州哥伦布市

我的工作职责之一就是招募独立机构代理我们公司，之前我们会发放市场宣传材料给相关机构，让对方更好地了解一下我们公司的情况。我们猜测应该有不少代理人看到了材料，但是公司并没有收到任何直接的回复。懂得短缺原则之后，我们发现自己正在错失眼前的好机会！

我们公司并不是在每一个州都有业务，每一年，公司会在业务运营的区域设定新代理机构招募指标。但是，之前我们一直没想到要把这些情况或者目前的工作进展融入市场宣传材料中。

当我们认识到了短缺原则对于人们行为的影响后，便开始在宣传材料的末尾添加了以下信息：“每一年，本公司会设定代理机构的指标，择优进行合作。2006 年，在本公司发展业务的 28 个州内，我方将会与 42 家代理机构建立合作关系，目前已确定 35 家机构。本公司诚挚希望您的机构会在年底之前成为我们的合作伙伴。”

效果立竿见影！短短几天之内，我们收到了多家机构发来的询问函。不需要额外成本，不需要全新市场宣传，也不需要改变产品或者运营体系，唯一的改变就是在材料的末尾加上几句真实的陈述。

● 凯西·弗格诺利，Resolutions 集团，美国得克萨斯州达拉斯市及加利福尼亚州圣迭戈市

我在法律行业工作，13 年前，我不再从事律师执业活动，而是做全职调解人。我的主要工作就是与诉讼案件的各利益相关方会面，帮助他们调解分歧。大部分人都由律师代理出席。调解一般是所有相关方都在同一地点会面，每一方就事件进行陈词，然后我会分别陪同每一方进入独立的房间，在各方之间来回周旋，说服他们调整之前陈词中的立场。为了推动调解进展，我会在各方陈词的优势、劣势方面分别表达自己的观点。

阅读关于说服的心理学之前，我会让各方在开场的陈词中提出赔款方面的要求，这样大家都能听到要求的内容。但是，了解到了承诺和一致原则之后，我开始要求每一方都将赔款方面的要求留到私下的讨论中再进行。至此之后，调解成功的概

率大大上升。我认识到，公开提出要求，就等于在某一数字上倾注了承诺，这就影响到了各方的妥协意愿；而且，听到开场陈词的人数越多，之后要说服大家扭转立场也就越困难。

● 迪勒·西德赫，行政长官执行助理，英国伦敦兰贝斯区

我刚开始协助政府部门工作的时候，本区在政策实施、领导组织、改革管理等方面都存在重大问题，还有一个重大复兴计划正在实施。通过运用权威原则（即人们依赖于才智过人的人士指引自己的行为），我找到了有效方法确保政府的监督与顾问团队能够尽快接受改革，并提升改革速度。其实，我只是公开了改革工作相关人士的资质，另外也公开了他们之前服务过的组织名称。经过这小小的改变，政府顾问团队的态度与之前截然不同，而我们的团队也获得了极大的灵活性来开展复兴工作。

● 克里斯蒂·法恩博赫，美国俄亥俄州希利厄德城市学区

我恰好有机会在一次学校的纳税方案宣传中应用了一些说服原则。我工作于俄亥俄州第九大学区，之前我们尝试推动一项纳税法案，以此获得资金，建立第三所高中以及第十四所小学，然而我们尝试了三次都失败了。在上一次活动中（2006 年

2 月至 6 月），我提出尝试有关说服力科学的新方法。

之前的活动主题一般都是正面措辞（例如，“为了孩子联合一致”“当下着手，共创未来”等），这一回我们选择了负面措辞的活动主题：“孩子们等不起”。我们希望传递出的信息是做出正确选择的时间不多了，以此触动人们的“损失厌恶”心理。信息中暗含的意思就是，如果现在不采取行动，孩子们（以及整个社区）就会遭受损失。根据社区调查，我们设计了三条标语，并不断宣扬这些信息（这是屡试不爽的政治策略）。我们利用人际网络投票策略“我 1 票 +9 票”召集了超过 1 万名选民：首先我们通过电话调查，确定了一批支持意愿强烈的选民，我们邀请 1000 名志愿者选择自己朋友或同事中的 9 人，在选举之前的 3 周给他们打电话、跟进他们的投票意愿。这些志愿者都得到了充分的信息，还有一些志愿者之前投票反对过这个纳税法案，现在也“皈依”了我们。对于一些潜在选民，我们使其做出承诺，要在学校事务问题上进行投票，并与他们的朋友或同事确认了这一点，在投票渠道关闭之前，他们一直都有收到提醒短信。我们还针对该学区不同区域的特点，设计了活动宣传明信片和其他一些通信材料，这也是一次首次尝试。

我无法通过科学证据分析到底是哪一个策略帮助我们获得了选票，但可以确定的就是，我们以极大的优势获胜了。我相信，这些策略起到了举足轻重的作用，而且会在将来的活动中继续得到应用。

● 蒂姆·巴契勒，培训经理，英国萨里郡

我曾经负责一家大型制药公司的培训工作，当时的任务是为 400 名英国的销售员工建立新的展示技能培训项目。我们知道这个项目极具创意，当然也知道并不是所有人都对其持有同样的观点。很多员工在公司工作多年，可能觉得自己什么都见识过了。

因为知道人们会跟从相似人群的行为，所以，在刚开始的项目活动中，我们让大家写下自己喜欢这个项目的一个原因，然后从中挑选了积极的反馈，打印在大幅海报上，并在之后的活动中展示在墙上。刚开始，我还是有点儿担心，不知道这个简单的策略能否奏效，但后来发现它的效果确实惊人。在项目结束时，我们收到了学员们 200 多封邮件（之前从未有过这么多反馈）。而且，这次的学院反馈又可以让我在将来的项目中继续影响更多的高层管理人员，毕竟这可不是我自己称赞培训有多棒，还有 200 多名员工给出了书面证明啊。

● 迈克尔·奥德里奇，销售主管；凯伦·雷菲特，商务流程与卓越销售主管，美国威廉姆斯科特曼公司

作为销售领导，我们总是希望在各个方面找方法，如培训、体系、流程等，以期提高团队业绩。管理高层读了这本书之后，询问我们是否可以将其中的原则运用到销售培训中。我们阅读了几章内容之后，马上就意识到了科学道理与企业运作的关联。在这一年中，我们以本书为依据开发了销售培训项目，并在全球团队中传播学习。之后，成果喜人，公司的总收入、签单率、新业务大踏步前进。我们也有幸与作者会面，希望能够寻找到更多的方式，将影响力与说服力融入公司各方面的工作中。对于说服力这门科学，我们是坚定的支持者！

致 谢

本书其实就是社会影响力科学中各种引人入胜的洞察与见解。本书中提到了众多科研工作成果，我们非常感谢数不胜数的科学家在这方面做出的贡献。如果没有他们的努力，本书就不能称之为一本书，仅仅是宣传小册罢了。

在写作本书的过程中，我们也有幸获得了另外一些重要的观点——来自我们的同事、合作伙伴与学生。这里尤其要对以下人士表示衷心的感谢：莉亚·科姆斯，弗拉达斯·格利斯基维休斯，詹尼弗·奥托利诺，米格尔·普利托，斯图尔特·肖恩，珊德拉·黄，感谢审校本书多个章节并给予重要反馈；布莱恩·阿赫恩，迈克尔·奥德里奇，蒂姆·巴契勒，克里斯蒂·法恩博赫，约翰·费舍尔，凯西·弗格诺利，丹·诺里斯，尼克·蒲柏，凯伦·雷菲特，迪勒·西德赫，感谢提供了有关说服力科学的实践经历。

我们同样要向 Profile Books 出版社前编辑丹尼尔·克鲁表示感谢，正是他激发了我们写作本书的灵感！从最初接洽直至合作的每一个阶段，他所倾注的经历与热情、提供的宝贵见解与提议，都是本书获得成功的重要因素。在克鲁离开 Profile Books 出版社迎接新挑战之后，我们又得到了克莱尔·格利斯特·泰勒的鼎力支持，获取了宝贵的建议。另外我们还要感谢安德鲁·富兰克林，露丝·吉尔力克，保罗·弗迪，佩妮·丹尼尔，感谢英国上议院议员丹尼尔·芬克尔斯坦的激励，他不仅是本书最早期的忠实读者，也一直不断地支持我们的工作以及行为科学方面的工作。

我们也非常荣幸能够与博贝特·戈登共事，他大大减轻了我们的工作负担。在涉及本书原版以及再版的相关事务中，让我们能够专心于写作，而不用担心其他任何细节工作。他的辛勤劳动与诚意付出对整个出版项目起到了至关重要的作用。

我们也非常珍视英国、美国各部门成员的长期支持与付出，感谢莎拉·托比特，艾莉·万德米尔，克里斯汀·达德利，珍·默克尔，海伦·曼金，乔·马克斯；尤其感谢曼金与马克斯为本书新版做出的贡献，他们正是行为科学界冉冉升起的新星。

最后，我们衷心感谢杰内莎·沙皮罗与伯尼·戈德斯坦在本书各个方面提供的宝贵建议以及一如既往的支持。